儒林心史

王志清 编

齊魯書社

图书在版编目(CIP)数据

儒林心史/王志清编.—济南:齐鲁书社,2009.6
ISBN 978-7-5333-2205-2

Ⅰ.儒… Ⅱ.王… Ⅲ.散文—作品集—中国—当代
Ⅳ.I267

中国版本图书馆CIP数据核字(2009)第074453号

儒林心史
王志清 编

出版发行	齊魯書社
社　　址	济南经九路胜利大街39号
邮　　编	250001
网　　址	www.qlss.com.cn
电子邮箱	qlss@sdpress.com.cn
印　　刷	青岛星球印刷有限公司
开　　本	850×1168　1/32
印　　张	10.25
字　　数	240千
版　　次	2009年6月第1版
印　　次	2009年6月第1次印刷
标准书号	ISBN 978-7-5333-2205-2
定　　价	29.00元

序

傅璇琮

王志清先生于编纂学术性散文集《文心雕虫》后，现又再次编《儒林心史》，约我为序。我曾为王先生学术专著《纵横论王维》（修订版）作序，这次拟为南通大学几位学者散文作品抒谈读后感，应是难得的机缘。但我自己甚有难度之感，因此书诸文有十一位学者，而与我有学术交往的仅周建忠、王志清两位先生。周建忠教授多年与我有书信来往，现又应邀为大规模丛书《续修四库全书》撰写楚辞类著作提要。志清先生于书中为姜光斗先生专著所作的序（《姜光斗的“人”“文”权衡》）中，引有《孟子》“知人论世”语，认为是“重要的研究手段”，谓：“写序，最合适以‘知人论世’的方法”，即“由先‘知其人’，而后才‘颂其诗，读其书’”。由于我对书中大部分学者为人、治学，并不熟悉，故觉得难于著笔，以致虽阅稿数遍，仍未能及时写就。

不过我抓紧时间阅读后，随即又有志清先生所说的“再经由‘颂其诗，读其书’，于是更加‘知其人’”之感。如志清先生记有访遇霍松林先生之文，我与霍先生于1982年中国唐代文学学会建立后，即共同主编《唐代文学研究年鉴》，八十年代时共任唐代文学学会副会长，屡次共商会务。书中又有吉定先生怀念黄永年先生之文，我于1979年在西安参加唐代史学会议时即已与黄先生相识，后屡次交往，有两次到陕西师大参加他与史念海教授共同指导的研究生论文答辩；高校古委会召开会议时，我与他曾合住于一个房间。另王志清先生又有哀悼、追记福建师大陈良运教授一文。我与良运先生也有深交，他于1994年就向国家古籍整理出版规划小组申报《周易与中国文学》课题，当时我任古籍规划小组秘书长，经专家讨论，同意此列入《中国传统文化研究丛书》；但后来将此稿转向出版社时，稿件佚失，于是他与我商议，重新撰写，并约我为此书作序（后此书由江西百花洲文艺出版社出版）。我对他执著于学术的坚贞之情与刚毅之气深为钦佩，这次读志清先生所作追记之文，亦深起悼念之情。又如王育红先生《负笈南京读博路（南园杂记十二则）》，细记他于1998年至2004年就读于南京大学博士学位，住宿于南京大学正门对面南园。按：我于九十年代任古籍规划小组秘书长，当时组长为南京大学名誉校长匡亚明，匡先生年已高龄，不便于来北京，就由我每年好几次到南京大学向他汇报、商议工作，就住于南园的南苑宾馆；1996年冬匡先生病重并谢世时，我在南苑住了一个多月。因此我后来每次到南京开会，就一定去南园行走，这次读王育红先生之文，又起怀念匡老之情。正因为阅读上述蕴含深情诸文，确如志清先生所说，"通过阅古人的诗书而达到与古人为友的精神交流"，我也由此达到与南通大学诸位学者难得的学术交谊，因此才能写此序文。

中国古代散文浩如烟海，佳作如林。传统古文，被认为最具民族特色的文字载体，曾有“中国古代散文美学”的学术构想。日前，《中华读书报》曾刊一文，引有当代一位小说、散文作家的话，称“中国仍是散文的国家”。可见当代创作界对散文在中国文学发展、流变中的高度评价和重视。中国古代散文，包括骈体赋文，其艺术风格确是多姿多彩，丰富多样的。但可能受儒家传统“经世致用”的影响，对散文作用多以“文以载道”为评价，这就如志清先生在本书“后记”中所说，“故而抑制了文学散文的发展”。

譬如韩愈，为古代散文名家，传统多以“文以明道”为其文学创作理论要旨，即宣扬道统与儒家思想，其《原道》、《原性》等为“大有功名教之文”（清吴楚材《古文观止评注》）。实则韩愈之文，不仅题材多样，文笔活跃，其主要特点则是有为而发，不平则鸣。韩愈“文以明道”之“道”，具有强烈的现实意义，着眼于突出现实矛盾，寻求社会变革。如其《与崔群书》中云：“自古贤者少，不肖者多。自省事已来，又见贤者恒不遇，不贤者比肩青紫；贤者恒无以自存，不贤者志满气得；贤者虽得卑位则旋而死，不贤者或至眉寿。”此文作于唐德宗贞元十八年（802），时任国子监四门学博士，低级官位。此数句尖锐指出英才沦落，而不肖者高官富财，确为社会突出的现实矛盾。清人林云铭就谓韩愈此文“感慨淋漓，能令千古失意人，读之伤心欲绝”（《韩文起》卷四）。又于翌年（贞元十九年）秋，朝廷下令，谓今年上半年关中久旱，经济不利，停止明年春初科举考试。韩愈时仍任四门学博士，自称“虽非朝官”，但“苟有所知，不敢不言”，就特上书（《论今年权停举选状》)，认为虽已有旱情，但京师之人已逾百万，人口众多，不会影响各地应举来京就试之读书人，现在突然停试，“是使人失职”。更值得注意的是，韩愈于此文后篇，提出“有君无臣，是以久旱”，认为当代君主固可称“圣明在上”，但群臣“不能尽心于国”，以至“有君无臣”。实际上，朝中之所以“无臣”，其责任当在于“君”；所谓“有君无臣，是以久旱”，虽仅二句八字，实则其指责之意非同小可。可能正因此，韩愈于本年冬又因另一状文（《上论天旱人饥状》)，而远贬广东阳山。

我之所以详举韩文二例，一是说明我国古代散文确不能仅以“文以载道”、宣扬儒家道统为主，二是有感于王志清先生《难遂父愿》中自称“我生性率真，且嫉恶如仇”，可与韩愈之说古今融通。这确使人同意《儒林心史》有真切质朴之特色。

这部散文集，确甚有特色，一为所记广，如第二编“走读山水”，远记北方之内蒙，西南之贵阳，又记国外（英国）之游；二为情致深，所记家人及个人学历，极有情致。又第六编“闲聊阅读”，视野至为阔略，如徐乃为先生所撰三文，叙及三国故事赤壁之战，又评议《红楼梦》中“戏谑”、“玩笑”情节。张祝平先生二文，一评《史记·项羽本纪》之楚汉相争，一论英国现代诗人西格夫里·萨松诗句之中译。周建忠先生《韩剧的两面》更以欢愉的笔调记他于夜间观看电视剧，谈及韩国的好几个戏剧。这是当代学术界人士（也即“儒林”）很少有此佳例的。

集子里的不少散文，无论述友谊，叙交游，谈理想，议时事，个性鲜明，虽篇幅短小，而不拘一格，为叙事说理与抒情述怀相结合的富有色彩的散文。这不禁使我想起书法圣家王羲之《兰亭集序》所言："仰观宇宙之大，俯察品类之盛，所以游目骋怀，足以极视听之娱，信可乐也。"这当是此书出版后文化界人士的读后感。

这里我想再提一个建议，即继《文心雕虫》、《儒林心史》后，可能还陆续编纂学术性散文集，鉴于南通的经济、文化迅速发展，我希望南通大学学者们着意于地域文化研究，多方面地抒写南通地区历史文化发展的地域特点及当前文化发展的生态环境。这就不仅增进对南通本地的认识，也能突出显示江苏文化的丰富内涵，江苏文明的历史成就，为区域文化独创性与中华文明整体性的和谐结合研究，确有进一步扩展与深入的意义。

2009年春，于清华大学文献研究中心

目 录

第三编　感受沧桑

第四编　留痕岁月

第五编　叩问生命

第六编　闲聊阅读

第七编　学林书话

第一编

对话名家

也说文怀沙

周建忠

一

2月 19 日下午，我在市里出席人大会议。

傍晚时分，接到一个西安某报纸记者的电话，说人民日报的记者李辉写了质疑文怀沙的文章，看到没有？

我说没有看到，因为近几天出席市人大会议，没有上网。

然后，记者要我谈谈如何评价文怀沙的楚辞成就。我根据研究的情况，简要发表了我的看法。同时，我提出，是否让我写一段文字，发给你们。记者说，来不及了，马上发稿。我再次重复了我的意见。

晚上上网，看到了关于“文怀沙”的热点专题。

二

今天上网，找到了我的观点。

是陕西的《华商报》，尽管文怀沙说祖籍湖南，实际是陕西人。陕西电视台在文怀沙90岁时，专门做了这个国学大师的专题节目。

记者刘慧的文章是《文怀沙被质疑：年龄不实？徒有虚名？奸污妇女？》，刊于《华商报》2009年2月20日。

文中引述了我对文怀沙楚辞研究的评价：

> 文怀沙在20世纪50年代到60年代，对楚辞的翻译和普及有一定的贡献，而且即使到目前为止，他的翻译也是有自己特点的。但从学术方面讲，他对楚辞的研究属于一般成就，学术界对他的关注也不多，更没有人将他列到大师或者专家的行列。
>
> ——著名楚辞研究专家、中国屈原学会副会长周建忠

中国新闻网2009年2月22日转载了这篇文章，“新闻引擎”改为《楚辞研究专家周建忠：文怀沙研究一般学界不关注》，弄得我“声名大振”。

三

坦率地说，文怀沙对楚辞或屈原的研究，属于普及类。

所以，楚辞研究界对他关注不多，因为没有什么学术观点可以引用。的确，楚辞专家对文怀沙基本上不予关注。但他对楚辞的普及，还是有贡献的。我 1983 年听他吟诵过《离骚》、《哀郢》中的部分句子，尽管有些夸张，几乎唱起来，但看得出，他对屈原、对楚辞，还是有感情的，从美的角度解读楚辞，还是有感染力的。在现场，我还看到有人，请他在《离骚今绎》一书上签名，而且书虽薄，但已泛黄。

文怀沙关于"楚辞"的著作有：

1.《屈原集》，人民文学出版社，1953 年版；《屈原九歌今绎》，上海棠棣出版社，1952 年版；《屈原九章今绎》，上海棠棣出版社，1953 年版；《屈原离骚今绎》，上海文艺联合出版社，1954 年版。

2.《屈骚流韵》之《屈原九歌今绎》，《屈原九章今绎》，《屈原离骚今绎》，《屈原招魂今绎》，百花文艺出版社，2005 年版。——实际上是他"今绎"系列的"重印"。

3. 文怀沙著，邵盈午编，《文怀沙序跋集》，中国文联出版社，2001 年版。

这些著作我这样介绍：

《屈原九歌今绎》：崔富章《楚辞书目五种续编》介绍云："本书标'今绎'，寓有寻绎之义，跟'译'有别。迻译宗旨、体例及难点，具《自序》和《后记》中。"首为郭沫若《题辞》。次插图九幅（影印清代门应兆临摹本）。次《自序》。正文部分先解题，次绎文，次原文，次注释。末有《后记》。附录曹述敬《读文怀沙先生的〈屈原九歌今绎〉》、周汝昌《从文怀沙先生的〈屈原九歌今绎〉说到〈楚辞〉的"予"》两文。有1952年上海棠棣出版社初版本，1954年上海文艺联合出版社《中国古典文学研究丛刊》本，1962年中华书局上海编辑所排印新一版。

《屈原九章今绎》：崔富章《楚辞书目五种续编》评云："是书一仍《九歌今绎》之旧，具《自序》和《后记》中。"有1952年12月上海棠棣出版社初版本，1954年上海文艺联合出版社《中国古典文学研究丛刊》本，1962年中华书局上海编辑所排印新一版。首为柳亚子《题辞》，次插图九幅用涉园依文津阁《四库全书》印本制版，次《自序》，次《惜诵》。正文部分先题解，次绎文，次原文，次注释。末有林庚《跋》、王汝弼《跋》及作者《后记》。

《屈原集》：分《正篇》、《附篇》两个部分。《正篇》部分包括屈原最重要的作品《离骚》、《九歌》、《九章》，共二十一篇，皆附有浅近简单的语体注解；《附篇》包括《天问》、《招魂》、《远游》、《卜居》和《渔父》五篇，并不加注。《前言》云："这本集子的阅读对象，乃是企图供给一般文艺爱好者参考的。"全书以《四部备要》本作底本，对部分衍文脱字及容易产生误解的古字，略加勘定。1953年6月由人民文学出版社出版。

《屈原离骚今绎》：首为沈尹默《题词》，次为插图九幅，清门应兆补绘本。次《祖国的诗人之父——屈原》（代序)。次《离骚》题解，次绎文，次原文，次注释八十六条。末附录一《屈原和他的诗篇离骚》(原载《新观察》)，附录二《离骚韵读》，附录三《读骚摭拾》，附录四《伟大的中国爱国诗人》(苏联·费德林)，《后记》。1954 年由上海文艺联合出版社出版，为《中国古典文学研究丛刊》本；另外，1956 年由古典文学出版社出版。

四

问题是，文怀沙多次、过分夸大了自己的楚辞学成就。

第一，夸大《屈原集》的地位与影响。说：才华横溢的文怀沙仅 1 个月就编写出了《屈原集》，在学术界引起了很大反响，被称为“新中国楚辞研究第一人”。

第二，说自己是建国以后三大楚辞专家之一，与郭沫若、游国恩并列。1983 年我亲耳听他说：郭沫若 50 年代向外宾介绍我国楚辞专家只有三人：郭沫若、游国恩、文怀沙。——后来，我查遍郭沫若、游国恩的文集、全集，没有看到这一评价。事实上，当时可以称为楚辞专家的人不少，比如姜亮夫、林庚、孙作云等，但他不能与郭沫若、游国恩并肩。

最近几年又在网上看到另一版本：古典文学专家瞿蜕园老先生评价云：文怀沙与郭沫若、游国恩三人，在楚辞研究领域中三足鼎立，超过了两千年的研究成绩。

总之，文怀沙在楚辞研究界，只是一个一般的学者，不是著名专家，说他是“泰斗”，显然不合适。

2009年2月20日

访谒霍松林

王志清

飞抵西安咸阳机场，已经是万家灯火了。

中国社会科学院文学所的党圣元、许继起二先生，与我几乎同时到达，三个人由接站的陕西师大的博士后小任引领坐上了“奥迪”，约摸三十分钟的高速，小车便驰进了启夏苑。

党主编说：我每次来西安都有眼前一亮的感觉。

许老师的感受不一样：我一下飞机呼吸到的空气都是青铜气味。

我呢？踏上西安的土地，踏在千古文化的厚重上，真有一种说不出而实实在在存有的心灵的感应。

西安对我有过很大的赐予，是西安给了我神秘的暗示。说来也真奇谲，那是2000年初春，我第一次受邀参加王维研讨会，也是第一次来西安，在药王山遇到一个老道，仙风道骨，谈吐不俗，我们一行二十余人，他却跟上了我，说要为我看相。他见我不相信他，真有点发急，冲口便说：

你正处于工作调动的犹豫中。马上又紧跟着几句话：你什么时候被人暗算过一回，什么时候丢失过一次机会。虽然我并不迷信相面八卦，但是，这却让我不得不服气。似乎有高人的指引，那次西安之行促使我下定了转入高校的决心，也开始了我的人生转折。

此次是我第二次到西安，像我们这些以学术为生的古代文学学人，来西安除了踏访名胜古迹外，还有一个重要的议程就是拜访霍松林，即那位被呼之为“西北虎”的霍先生。

霍松林先生在学界名望甚高，因为他五十多年工作和居住在西安，被学界戏称为“西北虎”或者“西北王”。霍松林 1945 年考入中央大学中文系，其时一代国学大师云集该校如汪辟疆、胡小石、陈匪石、朱东润等。霍松林在弱冠之年即有诗名，上中学时就有《卢沟桥战歌》、《哀平津，哭佟赵二将军》、《闻平型关大捷喜赋》、《八百壮士颂》等脍炙人口的抗日“战歌”。也许是他早早就显示出诗歌创作方面的突出才华，在南京中央大学读书时又勤奋好学，发表了不少学术论文，故而很受名重一时的大学者汪辟疆的爱重。受汪辟疆先生熏陶，霍松林早年就确立了知能并重的治学思想，研究与创作相辅相成。他认为研究者不搞创作，其研究未免隔靴搔痒，难有真切体味。因此，他通过写诗体认诗的精神，反过来又强化了对诗的研究。如今，每有感发即有诗出，霍老的诗词创作似乎比理论研究还要旺，他幽默地说：“写诗有利健康，不写不痛快；但是，写不出硬要写，不但写不出好诗，还会损害健康。”霍先生的经验之谈，我也深有同感，深受教益。

我去拜谒霍老，还多了一层感恩的意思。1993 年第一期西安的名杂志《人文杂志》发我第一篇王维研究文章，1998 年霍松林教授题写了“纵横论王维”寄赠我，2001 年即以此题为书名出版了我的王维研究论著（吉林人民出版社）。

霍先生记性真好，到西安后我给他老人家挂了一个电话，他还回忆得出来我是南通的。到西安的第二天，他急于要见我，就叫刘锋焘教授来催我，热情相邀。

我第一次去霍先生家拜访是 2000 年的春天，他的居室给我留下了深刻印象，不仅仅居室狭窄，采光也不太好，房间里也没有怎么装潢，好像还是水泥地。

第二次进霍先生的家门，从外表看就够气派的，专家楼，陕西师大里最派头的那幢。

我按响了门铃。是霍先生来开的门，他满面春风地迎了出来。嚯，精神抖擞的霍先生出现在我的眼前，让我真切感受到扑面而来的一种雄风，真想不到这是一个年且九十的老者。还是那个样，高大魁梧，身板硬朗，似乎比八年前还要年轻了些。霍先生语带甘肃天水口音：“欢迎远方来客噢!”

进门就是霍先生宽敞的书房，正对门是偌大的一张画案，上铺羊毛毡，一个红木的巨型笔筒插满了大大小小的毛笔，砚台里的墨好像还是湿润的，看得出来，霍先生兴起时，随时都可以泼墨挥毫的。霍老的书法曾得书法巨匠于右任先生之真传，笔力遒劲，墨色酣畅，老到而简净，雄浑而奇崛，看到桌上墨迹未干的一副行草，在我的脑海里跳出黄庭坚的两句论书画名句，“胸中元自有丘壑，故作老木蟠风霜”。那《题子瞻枯木》诗，是评论苏轼的古木画的。我非常庆幸索得霍老“纵横论王维”的墨宝，这让好多的文朋诗友羡慕不已。

霍老的博古架上摆满了各种奇石雕木，于满目琳琅的最突出处，摆放有于右任先生的照片，上书“松林老弟——于右任”。哇，霍老之书艺得于先生之真传！那是在上个世纪40年代，由汪辟疆先生的引见，霍松林拜识了于右任先生。于右任很器重这位甘肃天水来的青年才俊，曾向陈颂洛夸奖霍松林，便有了陈颂洛诗赞的美谈，绝句发表在当时《中央日报·泱泱副刊》上，诗云：“西球何必逊东琳，太学诸生熟善吟。二十解为韩杜体，美才今见霍松林。”于先生不仅在书法和诗词上点拨霍松林，还从自己的薪水中划出一部分资助他。大学毕业后，霍松林曾一度在于右任属下的监察院工作。

霍老热情地招呼我坐下，风趣地对我说：“是我霍家军的哪一个弟子把你引进来的?”

霍先生的学生里已经有六十多位获得博士学位了，学界称之为“霍家军”。霍松林年已耄耋，至今还在培养博士生的一线上。我充其量只能算是一个霍先生的门外学子。应该算得上是一个学子吧？先生曾经与我几次通信，在信上对我的王维研究予以评点。霍先生高度评价我的《纵横论王维》说："探微抉奥，胜义纷呈。视角新颖，论析精密，新意迭出"，说是具有"拓土开疆的意义"。

霍先生拉着我的手说："《纵横论王维》的修订版我已经收到了，比第一版厚重多了。"

我觉得有些脸红，讪讪地说："再版还是用的您老题字。谢谢您老对我的鼓励!"

霍老还是说到我的那本破书："你论王维，看得出有文论的基础，有创作的基础，研究与创作相辅相成。"

小的时候就读过霍先生的《文艺学概论》、《文艺散论》，我偏爱文艺学也许与此关系很大。依我陋见，霍老在文艺理论上的影响和贡献在某种意义上还要超过他的唐诗研究。早在50年代中后期，霍先生针对文学研究领域存在的许多有争议问题发表了一批论文，其中的《试论形象思维》是国内探讨形象思维的第一篇长文。文章一经发表即引起强烈反响。霍老曾经写文章豪迈地说："批判我的文章也上了《红旗》杂志。"那是1966年第4期《红旗》杂志，霍老的"形象思维"被作为修正主义思想的基础受到批判。

霍老亲切地递给我一只椰奶罐头，便促我膝而侃谈。

霍先生对南通很熟，他和我大谈南通，谈得最多的是张謇和范曾，谈到作为书法家的范曾的前夫人。他对此二人的熟悉程度超过了我。原来他在南京中央大学中文系求学时有个南通的老同学，因为二人的关系很好，他对南通也格外有好感。

当我提出与霍老合影的要求，老人家拉我到"唐音阁"

的横匾下照相。“唐音阁”三个字乃程千帆先生之手笔，是千帆先生对霍老在唐诗上贡献的崇高评价。我紧倚着霍老，在“唐音阁”里，紧倚着学术界的一棵常青树。以“故作老木蟠风霜”比霍老，合适吗？

告别霍老，我独自一人漫步在陕西师大的校园里，天已经很暗，心底却充满了感恩的阳光。

记于 2008 年 11 月 16 日

感恩赵逵夫

许富宏

七年前，我有幸投到西北师范大学赵逵夫先生的门下，攻读博士学位。转眼间，七年过去了，但是在与赵老师相处的那些日子里，的确让我终生难忘。

赵老师给我们上课，在谈到学术入门时，总是强调要多读书，多打基础。赵老师说："读博期间要大量读书，读根底式的书，因为工作以后就不可能再读了。"他反对不读书就急着写论文，反对以论文数量来作为考核学术水平的依据。他经常告诫我们说："博士不在于写多少东西，而在于写出来之后，哪些人认可。写出来的东西要上档次。角度、视野要新，应在博士毕业后得到学术界的认可，在某一方面是个专家。"他认为："哪怕只有两三篇论文，但能在学术界引起反响，让人家认识你，记得你就很好了。"所以"论文或书稿不要急着出，尽量成熟，再拿出来"。赵先生反复教导我们，读书要讲究方法，在浩如烟海的书中，一定要选好版本。除此之外，"读诸子书，能读懂的，就不必看注，看不懂的，要借助注。读《庄子》时，不能把注当作原文读，因为郭象的注注重阐发自己对庄子的理解。自己读原文，不通的可以想，不必因为注而中断阅读，一定要把握原著的精神实质。”虽然他这样说，实际上我们师兄弟中没有几人能做得到的。

关于如何做学问，赵老师经常用通俗的比喻教育我们。他曾说：“做学问的方法，既要在某一方面深入，要有一个根据地，有一个看家的学术领域。但又要善于扩散，围绕自己的根据地，向四周扩散。打狗还得靠住墙呢。”对搜集材料，运用材料问题，赵老师说：“做学问就像农民种田，先得把田犁得透，播下肥料后再撒种子。做学问也一样，必须通盘吃透材料，才能写作。”针对博士论文的选题，赵老师风趣地说：“写论文就像木匠推刨子，博士既要能推光板，又要能推节疤。硕士只要学会推光板，博士就要会推节疤。”所谓的“节疤”就是要敢于选学术上的难题，敢于碰硬。对博士论文的质量要求，赵老师总是说：“博士论文的标准是：后人在进入同样的论题时，你的成果是他回避不了的。”这个要求其实是很高的。

对学术上的一些问题，赵老师的看法，往往给我们很大的启迪。关于先秦时期的作品多有韵语的问题，赵老师说：“韵语的产生也是出于便于记忆的目的，先秦兵法中韵语最多，目的也是便于记忆。因为军队中的下级军官或士兵，几乎都是大老粗，你把兵法不写的朗朗上口，便于记忆，兵法或命令就传达不下去。”

赵老师的屈原研究在海内外有广泛的影响，他在谈到屈原的美政思想时说："汉初的文景之治是继承了屈原的美政的。从屈原到萧何，历史走了一个弯路。楚国的美政最终还是得到了实现。"谈到屈原否定论时，赵老师说："胡适否定屈原是有历史原因的。当时的疑古学风盛行，没有证据直接证明的，就被视为伪书。胡适采用的是实证的方法，在当时是很有科学性的。胡适的观点与廖平完全不同，其出发点也不同。胡适在楚辞研究史上的贡献应给予正确的评估。最起码，他暴露出了问题，促进了我们今天的研究。"这些都对我们正确认识学术上的问题有很大的启发。

赵老师说："不要把古代文学研究当作职业，而把它当作事业。"他确实是这样做的。赵老师除了吃饭、休息，几乎所有的时间都用在看书、科研上。他没有别的爱好，最大的爱好就是科研，学术研究就是他的生命。他时时刻刻想着学术，他心里想着各种学术问题，一有想法就立即打电话。2002 年 12 月 6 日下午，赵老师在兰州的西北宾馆开省人大的会，中途休息的时候，专门打电话对我说："纵横家的'纵横'到底是不是从《鬼谷子》中来的？还有'阴谋'是不是专门用来打仗的？这两个问题你要好好思考。"2006 年端午节前一天，当时我在周口整理《鬼谷子集校集注》的书稿，赵老师夜里十二点给我打电话，说他想到了我书稿的一个体例问题。虽然我毕业已七八年了，赵老师一见到有关于《鬼谷子》的书都是及时主动给我打电话，提醒我及时购买。

赵老师特别关注学术界的信息。每次开完学术交流会或主持参加博士论文答辩回来就把会上的信息对我们说。谁谁在会上发言，提出什么观点，这个观点怎么样等等。我们都十分惊叹他怎么记得那么多。

赵老师特别关心学生，经常请我们吃饭，但他总是只吃到一半就离开了。他说："我在这里，你们就放不开。我散步去，你们好好吃吧。"即使在吃饭，赵老师所说的也是学术问题。有一次喝酒，赵老师就说："西方人进行体育比赛，赢了才喝酒。我们国家过去的'射'礼也是一项体育活动，不过却是输了的人喝酒。"一句不经意的话却说出了有关"射礼"的诸多知识。

赵老师很和蔼，我们都不怕他。在一次师兄的答辩之前，几位师兄都非常紧张，怕被答辩专家问住，下不来台，就问赵老师，遇到问题不会回答怎么办。赵老师就说，有一次在国内某高校参加博士论文答辩，坐在答辩席上的是一位德高望重的老先生，其他答辩委员都是他的学生。答辩程序开始了，学生陈述。这时老先生睡着了。睡的时间很短，老先生一惊，以为过去了很长时间，就说："时间不早了，今天的答辩就到这吧。"此时那位博士的陈述还未完呢。但是，旁边的答辩委员也不敢不按老师的意见做，于是都跟着说"结束了，结束了"。结果是还没有问，答辩就通过了。明天答辩，就看你们的运气了。我们听了都笑了起来，大家对答辩也不紧张了。

赵老师是一个将全部的生命都融入学术中的人。我很佩服，却做不到。

我给陈建功当主持

周建忠

南通市“静海讲坛”在我校举行，邀请的主讲是陈建功。

好多年前，我就知道他是一个知名的当代小说家，我喜欢的这类作家还有：张贤亮、张洁、刘震云、路遥、毕淑敏等，但我做古代文学研究，做先秦文学研究。

陈建功，好像很多年都没有看到他的小说了。我对他的记忆只剩下：北京大学毕业，写过有影响的小说。

没想到，市文化局特邀我做主持人与评议人。

陈建功的名片上印着三个头衔：中国作家协会副主席、中国作家协会党组成员书记处书记、中国现代文学馆馆长。

尽管前些时有新锐作家韩寒对某省作家协会副主席、对作家协会的体制做过批判，但丝毫不影响我对陈建功的敬意。

陈建功，1949 年生，头发已经非常地白了。虽然是广西北海人，但 8 岁进京读书，似乎京腔味儿挺浓。

他讲的题目是《小说创作》。

这个题目，难讲。我以为，在所有的文学样式之中，只有小说创作最具原创意义，许多著名的大红大紫的影视作品十有八九是从小说改编的。

中国不缺乏模仿与移植，最缺乏的是独创、原创、创新。

这个题目不是一般人可以讲授的，因为小说创作有其特殊性，甚至略具神秘色彩。你即使懂得小说创作理论，知道路径与方法，可能仍然写不出小说，写不出好的有影响的小说。

所以这个题目，只有创作过优秀作品、获奖作品的人，才有资格资质来讲专题讲座。陈建功就得过很多很多国内外的大奖。最主要的，他的小说，得到大家的好评。

他讲了雅俗文学之争，说日本就有两个组织：作家协会与大众文学协会。他以《渴望》、《编辑部的故事》、《皇城根》、《北京人在纽约》四部电视剧社会心理背景的发展序列为例，说明大众文学的社会需求与文化市场。

他讲的小说创作，是“雅”类，是传统的严肃文学。

他讲了小说创作的训练，系统的不一定很自觉的丰富的训练。

他讲了小说创作的准备：人物积累、情感积累。

他讲了小说创作的过程：人物原型的提炼、场景的安排、情节的构建、怀疑的精神、独特的视角、艺术感觉，等等。

为了讲清这些看似简单的问题，他列举了很多作家、艺术家以及作品，比如老舍、托尔斯泰、汪曾祺、浩然、张洁、阿城、徐光耀、徐沛东等。

为了讲清这些看似简单的问题，他介绍了他的家庭，他的父亲，尤其是父亲糊里糊涂的一句话，在政治上影响了自己的一生，也影响了儿子的青年时代。1968年至1977年之间，在京西煤矿挖煤的经历，更是他小说创作不竭的生活源泉。

为了讲清这些看似简单的问题，他还讲了一些理论，举了一些例子，只介绍了自己的一篇小说的创作过程。

两个小时很快消逝，学生很少这么专注，感到意犹未尽。

我的点评很普通，是常见的客套。自以为略有创意的是：关于文学艺术的创作与消费，我分为三类：受命类、娱乐类、反省类。小说创作属于反省类的，陈建功的小说创作，是属于反省类的，所以我们对他表示深深的敬意。

2008年10月29日

缅怀黄永年

吉 定

2007年1月16日，我的研究生导师黄永年先生永远地离开了我们。一转眼两年多过去了，早就想写下我对先生的追念文字。

黄永年先生，江苏省江阴市人，1925年10月出生，早年曾先后师从史学大师吕思勉先生、顾颉刚先生、童书业先生。1950年毕业于复旦大学历史学系，后统一分配至上海交通大学任政治课助教，1956年升为讲师。同年随迁校去古城西安，第二年因反对学生闹事，主张深入群众化解矛盾反被错划为右派。1962年被安排到西安交通大学图书馆工作，并被摘帽。1978年调入陕西师范大学，1981年任副教授，1982年晋升为教授。曾经任陕西师范大学古籍整理研究所所长、教育部全国高等院校古籍整理研究工作委员会委员、全国古籍整理出版社规划领导小组成员。1988年至1992年，还被评选为第七届全国人民代表大会代表。

我第一次认识黄永年先生，是我1985年9月考入陕西师范大学中文系读硕士研究生的时候。记得进校以后，黄先生先后给我们开设过古籍目录学、版本学等多门专业课程。当年，我们一起听课的共有中文、历史等系的四十多位硕士研究生。回忆研究生阶段三年的学习生活，黄永年先生给我留下了不可磨灭的印象。以下谨记我印象最深的几个方面，以表达我对先生的敬仰与思念之情。

1

著书立说，是黄先生一生的最大爱好。他的一生，真可谓著作等身。据统计，从1956—2006的50年间，黄先生先后出版专著有《旧唐书与新唐书》（人民出版社1984年版）、《古籍整理概论》（陕西人民出版社1985年版）、《中国古代史论集》（陕西师大出版社1995年版）、《树新义室笔谈》（上海书店出版社2000年版）、《文史探微》（中华书局2000年版）、《学苑零拾》（华东师大出版社2000年版）、《唐史史料学》（上海书店出版社2002年版）、《古文献学四讲》（鹭江出版社2003年版）、《文史存稿》（三秦出版社2004年版）、《六至九世纪中国政治史》（上海书店出版社2004年版）、《古籍版本学》（江苏教育出版社2005年版）、《学苑与书林》（上海书店2006年版）等12部。此外，还选译、标点、辑校、疏证、点校过22部中国古代历史、文学文献，总计有34部之多。大约平均每隔一年半时间，就出版一部书。在当代学者中，一生做出如此之多的、高质量的、经得起时间考验的研究成果的学者，实属凤毛麟角。我曾经问黄先生，缘何要这样笔耕不已。他给我的回答就是一句话："人活着总得干点有益的事情。"

2

黄先生讲课不仅注重传授系统知识，更注重传授我们读书做研究的方法。比如，我们考察东汉史实时，他要我们先看西晋陈寿的《三国志》，再看南朝范晔的《后汉书》，其依据是作者所处的时代及成书年代不同，要由远而近看历史。又如看万有文库的书，他告诫我们一定要防止书中有抄错的字词，以免再以讹传讹。讲到十三经中的《尚书》五十八篇时，先生先介绍他的老师吕思勉著《经子解题》中对其五十八篇真伪的辨析，接着又介绍顾颉刚《论〈今文尚书〉著作时代书》对其史料价值的科学看法，同时指出学界有人将《伪古文尚书》中二十五篇当着真书引用的错误，再点明清孙星衍《尚书今古文注疏》对伪书排除了。除了介绍自己的治学方法外，黄先生上课还特别向我们推重诸国学大师的精品力作有：梁启超的《要籍解题及其读法》、《古书真伪及其年代》，吕思勉的《先秦学术概论》、《经子解题》、《魏晋南北朝史》，顾颉刚的《古史辩》，陈寅恪的《金明馆丛稿》、《隋唐制度渊源略论》、《元白诗笺证稿》、《柳如是别传》，钱穆的《先秦诸子系年》、《中国文化史导论》、《八十忆双亲·师友杂忆》等。这种"授人以渔"的教学方法，极大地拓宽了我们的学术视域，为我们日后走上学术研究之路和身为人师打下了坚实基础。

3

求真求是、爱憎分明，是黄先生的学术品格，也是他一贯的行事风格。比如先生上课，品评到某部学术论著的是与非，从不模棱两可，含糊其辞。再如谈到研究，他认为学术研究首先是把历史史实弄清楚，然后在此基础上找出点规律性的东西来，而哗众取宠或卖论求荣者终将经受不起时间的考验。对于学术界和社会上的一些不正之风，他敢于讲真话，发表自己的看法，表现了一代真正知识分子的应有风骨。

记得有一次上课，我穿了件旧黄色的的确良春秋装，黄先生见了，马上就说："这位同学，你能不能以后不穿这件上衣来上课呀?"接着，先生又说："你的这件衣服，使我想起了当年的红卫兵小将。"事后，我得知黄先生才华横溢，少年得志。就是因为爱憎分明、仗义执言，后来被打成"右派"，"文化大革命"中又受了冲击，蒙受了许多不白之冤。我的一件"黄军装"显然触动了先生的痛楚，使他"不寒而栗"了。黄先生毫不隐瞒自己对"红卫兵小将"的观点，通过对学生服饰的取舍态度，表明了自己对。"文化大革命"那场十年浩劫的深恶痛绝。

4

"人活着总得干点有益的事情，而过于在名和利上计较，实无多大意义。”这是黄先生的一句口头禅。他是这么说的，更是这么做的。按黄先生的身体条件和学术水平，当博士生导师绝对当之无愧。但由于年龄等原因，黄先生退休之前，没有被聘为博士生导师。论科研成果，与当下一些徒有虚名的博导相比，黄先生的鸿篇巨制够得上评一批博导。仅此一点，实事求是地说，黄先生是受到了“不公正”的对待的。但是，先生并没有因此怨天尤人。退休后，他不是颐养天年，而是淡泊名利，笔耕不止，继续教书育人。他先后担任过北京大学、复旦大学等一批著名高校兼职教授。他自己曾经如是说：“科研就是要多出好成果为学术大厦添砖加瓦，为自己的国家增光添彩。教学就是要培养青年，使学术事业后继有人，且能超越前人。至于其它得失荣辱，就都是身外之物了。”信哉斯言！为了祖国的教育事业，他将自己毕生的心血、精力都倾注到了教书和研究上了。黄先生的人格足以令后人高山仰止，景行行止！这样的人生目的与追求，与现在的一些“凡俗”之辈搞科研只为功名利禄，完全是风马牛不相及的。

5

黄先生为我们研究生开设过的必修与选修课程有《史学概论》、《碑刻学》、《唐史史料学》、《唐史专题研究》、《文史专题研究》、《旧唐书研究》、《韩愈文研究》、《〈太平广记〉研究》、《白居易〈长恨歌〉研究》、《吴伟业诗歌研究》等十多门。这些课程和学问，都不是当年哪位老师直接传授给先生的，而是先生凭多年自学而自行建立的体系。像他这样的硕士生导师，治学领域如此宽广，国内学界恐怕真是罕有与其匹敌者。但是，先生绝不故步自封，而是“开门”办学。为了让我们研究生尽可能多地受业于海内外名师大家，提高学术研究功力和扩大学术视野，先生出面邀请过北京大学中文系古文字学家裘锡圭教授、美籍华人历史学家汪荣祖教授等一批大师级学者来校长期讲学。这不仅表现了黄先生“海纳百川”的学术胸襟，而且折射出他“博采众长”、“取法乎上”的学术研究理念。

6

我读研究生期间，正值先生当选第七届全国人大代表。作为民意代表，黄先生给我的印象是：深入基层，不辱使命。记得黄先生去北京参加人大会议前，在陕西师大行政楼会议室，召开过一次研究生层面的座谈会。针对当时知识分子待遇低等情况，我们提出了给知识分子加工资等一系列建议。黄先生听了我们的意见后，一一做了记录。那段时间，尽管黄先生教学科研工作十分繁忙，但作为全国人大代表，他却能够充分地、认真地听取广大教职工，包括注意倾听我们青年学子的心声。从北京开会回来，又向同学们及时反馈会议情况。其中，他着重介绍了在人大教育片代表会上，将我们提出的意见作了全面翔实的反映，特别提出了高校要不断加强学生思想政治工作和提高广大教师生活待遇问题。他名副其实地、不折不扣地履行了一个人民代表的应尽职责。坦率说，只有具有经世济民情怀与博学睿智头脑的人大代表，才能如此有远见地为国家和谐发展奉献良策。这样的建议，至今仍然具有现实意义。

7

黄先生不仅教书育人，而且能够自告奋勇为学生请命。1988年初夏，我们85届研究生正准备毕业离校，可学校将我们7—8两月的工资停发了。这一做法，当时从情理上说，并不算损害学生切身利益。因为研究生毕业后，都可以到各自工作的新单位补发7—8两月的工资。但现实的问题是：我们研究生每月生活费只有四十几元，离校的车费、发送行李费都还没有着落。扣发了这笔钱，我们事实上就无法离校。那天，黄先生去古籍所上班途中，正好碰到我们这帮为难的学生聚集。他知道我们的情况后，二话没说，立即让我们当场推出学生代表，并亲自带领我这个学生代表找到负责学校后勤工作的赵望怀副校长，让我向赵校长反映困难所在。我至今都记得黄先生坐在一旁，听我反映情况时支持和赞许的表情与立场。由于黄先生这位“民意代表”的介入，当天深夜，我们的工资问题就得到了妥善解决。这件事算来已经过去二十一年了，但是黄先生这样一位大学者，“一切为了学生”的崇高形象，却永远留在我们心中。

8

我最后两次见到黄先生都在上海。2000年“五一节”，我得知先生来复旦大学讲学信息后，从江苏南通专程去看望了黄先生。那天，正赶上章培恒教授请黄先生吃饭，我作了一次章先生客人的客人。其时，黄先生走起路来已显现艰难，每走十几米就会哮喘。但一坐下来休息，他又精神焕发、谈笑风生。当我谈到我搞学问也不为名利，只为搞清问题时，黄先生仍像我在读研究生时那样，操着江南乡音的普通话说“好嘛”，连连表示赞赏。第二次见黄先生是 2004 年 5 月底，我在上海师大读博。那天黄先生正到华东师大讲学。见到先生时，我发现他的精神大不如以前了。我建议黄先生回西安必须优先治病，内务请个保姆，学术务必适可而止。可先生却说“人都是要死的，能留得下来的就是这些书了”。当时，黄先生已近八十岁高龄。他来上海，除了讲学，依然是写书、校书、出书……我当晚告辞时，黄先生又在伏案校对凝聚了他几十年心血的《六至九世纪中国政治史》的打印稿。谁知 2004 年 5 月底的这次见面，我与先生竟成永诀。

2007 年元旦，我照例打电话向黄先生请安，没想到这次是黄先生的公子黄寿成接的电话。他告知我，先生已在两周前住进了医院。一种不祥的预感，涌上我心头。接着便是 1 月 17 日，我从黄先生留校的学生、陕西师大文学院教授陈枫那里得知了先生驾鹤仙逝的噩耗。“黯然销魂者，唯别而已矣!”我旋即搭机去西安哭别先生，并送他最后一程。

今天，又见江南“春草碧色，春水绿波”。回想先生昔日音容笑貌，念先生晚年仍著书不辍，感先生暮年印谱中“家住吴门，久作长安旅”的思乡情愫，追先生才华横溢、坎坷一生却能笑对人生，怎不令人长歌当哭，悲怆欲绝！

呜呼！神光泯殁兮泰山颓，哲人云亡兮梁木摧，泰山梁木兮曷其悲！然先生之教泽，必将长裕而无绝！先生之事业，必将长青而不朽！先生之精神，必将长存而永生！

2009 年寒假中

追忆陈良运

王志清

陈良运先生走了。

读《文汇读书周报》上的悼念文章，方知陈良运先生走了，心情骤然沉重起来。唏嘘连声过后，便是疚恨和自责。我好几天都排解不了一种痛惜和疚憾的折磨。并非是我与陈先生有多深的交谊，而是我做错了一桩事，留下了不可弥补的永远遗憾。

我接到陈先生最后一封信，是在今年的春天，与信同至的还有陈先生寄赠的新著《中国艺术美学》。他在便笺上明示，要我收到此著回他一封信。但是，我竟然懒得只回了一个伊妹儿。呵，我这个人，一向注重礼节的我，竟然做了一件“浑事”！嗨，我怎么……而且，……嗨！一连好几天，我笼罩在一种莫名所以的沉重里，在内心受到谴责的折磨里。

回忆起来，那时我真有点小忙，在赶读《纵横论王维》修订版的校样，很想做得精致点，也就特别的倾心。反正拙著不久即出笼，到时将书信一并给陈先生寄上。陈先生为人宽厚且平易，他是不会计较我的。然而，万万没有想到此绝症之恶魔坑了陈先生，也陷我以“失信”于人的不是。

陈先生在给我的信中只是略略提到近来身体不大好而已，真万万没有想到他是生这样的病，他会生这样的病。真要是他明说了，我会去一趟福州看他，或者多去几个电话与他聊聊一些愉快的话题，也多听听他的高论。

从那篇署名查清华的文章中，我方知，陈先生赠我的那本《中国艺术美学》，是在他强忍化疗的痛苦中“抢”出来的。如今，我又翻读此著的后记，其上赫然写道：“终于呈现在读者面前的这本小书，是我生平第一次住进省级大医院治病长达66天，在上海和福州家中休养时，重新缀合整理而成。住院期间，曾悲观地认为，那些散乱篇章会与身俱没。幸运的是，由于现代医疗技术的诊治，更有我妻子施娟辛劳护侍和精心调养，出院后身体状况恢复尚可，感到还有余力了却心中所愿。”收到书时，我也读到这些内容，但万万没有将陈先生的病往癌症上想。而且，我以为先生又能够著书立说了，总应该没有什么大问题了吧。我的疚憾之情尤烈也。

拙著《纵横论王维》（修订版）是8月底出书的，寄到福州的时候也许是9月中下旬了，那时肯定已是陈先生的弥留之际，他的家人肯定是不会将我的书和我的信给他看的。也许，不，肯定，陈先生肯定最终没有等到我的一封信。憾甚愧甚！

而陈良运先生他走了，悄悄地，没有惊动我，也不曾要我为他送行。越是这样，我越是不安。好几天里，只要我稍稍一定神，便有他熟悉的身影在我的眼前晃动。他中等身材，敦实微胖，头发已经花白，简直就是自由地蓬松着，说话很有激情，而且喜欢把衣袖撸上去，仿佛在干什么或者要干什么重活儿似的。

陈良运，这是一个很响亮的名字，特别是在当代著名的诗学界。早就读他的诗学著作，我是在2004年的一次国际研讨会上才走近了陈先生，把他的名字和人对上了号。或许是性情相投，我们谈得很投机，话题一会儿学术，一会儿创作，反正不离诗歌。他在1959年上高二时就在权威杂志《人民文学》发表一组新诗《历史的瞳人》；次年他的《安源工人的怀念》一诗又在《人民文学》以头条首篇的位置发表，其诗竟然放在大诗人郭沫若先生之前。据说这样安排是郭老很看好此诗稿而特意安排的。我也是且诗且论的，而于陈先生则是小巫见大巫。而陈先生的亲和力，让我感到了一种深受呵护的幸运感。会议的短短几天期间，我们同游国子监，同登长城，同听戏于梨园，即便是集体合影，也紧靠在一起。

自从北京一别后，虽然不多来往，但是各自还是都有好感的，他有大著出版，常常寄送我学习；我有新书出版，也寄赠先生请其教正。去年年底，陈先生的《中国诗学批评史》第四次再版，我即获得了先生的馈赠，落款是2007年11月。应该说这是陈先生的代表作和奠基作，也最有影响，奠定了他当今诗学领域的领军人物的地位，著名当代文学理论专家钱中文在《光明日报》、《文艺研究》发表评论称："良运先生的'五'、'四'说，在中国诗学的体系构建中，可以说是自成一家。”文章里称他为中国诗学现代转型的倡导者、探索者和开拓者。陈先生著作中的许多观点已经化在我的学术中，为我的著述所积极引用，而增加了我著述的学术分量。

如今，捧读陈先生的那部《中国艺术美学》，愈加让我感到沉重。陈先生共出版了二十二部著述：《新诗的哲学与美学》、《中国诗学体系论》、《中国诗学批评史》、《论诗与品诗》、《周易与中国文学》、《焦氏易林诗学阐释》、《中国历代诗学论著选》、《中国历代词学论著选》等等，哪一部书不是十足分量十足影响的哟？我从纪念他的文章中得知，他先后曾五次获得国家级课题，获得省级以上的各种奖项三十多项。啊，简直是一个天文数字！让我深深地倒抽了一口冷气。真是一人胜过几个团队哟！

曹植有一首诗，题目叫做《升天行》，是写游仙的，其中“日出登东干，既夕没西枝”两句，是以日光来烘托扶桑的高大的。结句是：“愿得纡阳辔，回日使东驰。”诗人浪漫之想，而生出“回日”之奢望。然而，时光如覆水，泻地不复收，人走如夕没也。任何伟人都免不了要走这一步的，只是陈先生走的早了点呵。

陈良运先生走了，我少了一个良师益友。原本想好，待我做出王维诗学来，请陈先生为序的。可是，……我也越发感到应该多写点什么，快写点什么的，以此来告慰先生，来救赎我歉疚的灵魂。

急草于2008年11月3日

第二编

走读山水

贵阳的记忆

周建忠

今年国庆长假前，我去贵州出席一个会议。进入贵阳市区，尽管环黔皆山，但喷水池四周高楼林立，霓虹灯炫人耳目，现代化气息不减京沪。

贵阳人介绍：贵州自古以来有“三无”：天无三日晴，地无三尺平，人无三分赢。而今则有“三个代表”：一棵树（黄果树瀑布）、一瓶酒（茅台）、一间房（遵义会址）。

我是第二次到贵阳，免不了有今昔之慨，想起当年进黔的一个故事。

1990年5月，我从上海乘火车前往贵阳，带着一袋打印的论文，篇幅两万多字，油印220份，足足有四五十斤。在上海火车站，我背着行李、扛着论文穿过几段地下通道上车，已经大汗淋漓、体力不支的我抬头一看：妈呀，这是第一节车厢，而我在第三十六节。真是“置之死地而后生”，咬咬牙，熬到三十六节车厢第十五排，再也没有力气将论文袋扛上座位头顶的行李架，一屁股瘫坐下来喘气。

我的座位靠近中间通道，靠窗一人，望着窗外；左边一人，打瞌睡。对面有三人，六人构成一组；过道右边还有一组。当时买到坐票是很幸运的，列车还没开出，过道上就挤满了人。

我抱着行李袋、踩住论文袋在喘息发愣，我的左邻指指袋子，问我：要不要弄上去？我点点头。他敏捷地站起，站到座位与中间的茶几上，将别人的行李靠紧堆起，将我的行李轻轻拎上，挤入其中。我帮不上忙，连说谢谢。

列车一阵轰鸣，出发了。我看看邻座，脸色精黑，比我稍高，瘦而有神，虽然上衣是流行的中山装，但皱褶有斑，有点脏。心里不免有了一丝戒心。

他马上咧出一口又黄又黑的粗牙，回应我：是教师？我点点头，脱口而出：你怎么知道？

哈哈，你上车我就看出来了，读书人，知识分子，戴眼镜，白脸，没有多少力气。

你是干什么的？到上海来做什么的？

你猜猜看，很多人都猜不出？

做生意？

他大喊一声：我们有缘，你猜对了！我到上海做药材生意，有人说我是卖假药的。

你这么大声，不怕人家抓你？

谁抓我，没有人抓我。我每个月都到上海，药材卖完就回。

他掏出一张有点脏有点折痕的身份证给我看：我只记

得是赤峰县的，大我10岁。

我既感到这个人蛮诚实的，又觉得不是同道之人。但到了傍晚，一下子改变了我对他的看法。我们在火车上要度过两天两夜，一般只能在座位上冲冲瞌睡，也有泼辣、不怕脏的用一张报纸一垫，睡到脏兮兮的座位下面。我们的两个夜晚是这样度过的：他让靠窗的一位尽量靠边，让我斜躺在坐椅上，他钻到座位下面睡觉，摇摇晃晃之中，有时还能听到他的鼾声。第二夜我有点不好意思，尽管很怕钻下去，但还是说了客气话：今晚我睡下去！他说，你这人还真是知识分子，到下面你肯定睡不着。

白天，我们聊天。他说，贵阳穷啊，小偷特多，也有大白天抢钱的，到了贵阳，你一定要小心——说得我心里直发毛！但他又强调，贵阳小偷的头儿有规定：千万不能偷教师；教师没多少钱；我们的子女要靠教师教育；假如误偷了教师，想办法送回去——我心又稍安。

到贵阳了，是夜里两点。我暗暗叫苦，有点怕！那家伙一溜烟跑了，我只好慢慢拖下行李、论文。灯火闪烁、人影摇动之中，我扛着的袋子上被人猛地拍了一下，我大喊一声：谁？——原来是他：你怕啦？我找你好久咯？

他接过我的论文袋，飞快地走在前边，我拎着行李袋跟在后边，高高低低，转来转去，前边一片亮光。他将论文袋放到一个三轮车的车厢里，回头对我说：我帮你喊了一个车子，五块钱，送你到招待所。他与车夫边说边拍肩膀，又对我说：我每天晚上在火车站广场西边擦皮鞋，第四个就是我。在贵阳有什么事，就到那儿去找我。给他五块钱，已经讲好了。——我不知是反应不过来还是激动，既没有跟他握手，也没有说感谢，连忙爬上了三轮车。

当时的贵阳，后半夜的贵阳，灯光很少，真暗；马路不宽，人少，车少；离我去的贵州省人大招待所真远，路面颠簸不平。好不容易到了，大门紧闭，车夫大声吆喝，没有反应；拿起铁器，在大门铁栏栅上敲打，终于有人出来了。车夫帮我搬起论文，送到服务台。我掏出十元，车夫说什么也不肯要，讲好五元就五元。我送车夫出门，再三致谢。车夫说，要谢就谢他。

那次我在贵阳五天，自然没什么事找他。

返通后与同事、家人讲起，个个称奇：盗亦有道！

——如今，我站在贵阳的夜景里，想起那个人。懊恼、遗憾，恨自己没有记住他的名字！

2008年10月5日

情醉蒙古包

王志清

到草原而不去蒙古包，到蒙古包而不能醉酒，是不能算真正到过草原的，因为你没有抵达草原的最情深处。

在草原最好季节的八月，我自北京向东北而进入内蒙，踏上巴林草原，以一个作家采风的身份。

第一次领略大草原的那酽酽绿意，说不出那感觉而总想找一个感觉出来，说不出是诗还是酒，心被醉意所深深笼罩着了。真不知道手怎么甩而脚怎么搬，只感到通体透明，一切的掩饰包括话语都是多余的了，恨不得混同于一种植物，或者是一种动物也好。

真羡慕那些羊儿们的从容，慢悠慢悠的闲适，不经意地移动，如一朵一朵的云；

真嫉妒马儿们的放纵，潇洒的自由王子们，性子来了就一阵的狂跑，然后旁若无人地轻遛慢踱；

连被人以“蠢”字形容的群驴，也让我感动不已，圆实的屁股骄傲地翘颠着，或者在草地上随意地打几个滚儿，或者得意时有两声长鸣，惊世骇俗的响亮。

然而，我还是我，理智的我依然被理性揪住不放。我就不能轻松如一马或者如一驴而放纵地、没有思想地活一回吗？让灵魂超越出来一会儿，获得一种远离尘俗的真实和洒脱。于是，我想到了酒。

可以十分肯定地说，古人造酒，意在求醉。“醉”字从酉从卒，“醉”字便很形象了，是英武斗士与酒亲和而营造出来的一种境界。我以为主要有两种人不能醉，一是愁人，再一便是小人。愁人醉酒伤心，而小人醉酒则伤“身”也。借酒浇愁愁更愁，愁人希望通过一醉来摆脱愁的纠缠，然而，醉了的愁人比不醉的时候还要痛苦。如果是小人，那就更怕醉，也不能醉，醉出了“小”来岂不麻烦？

我是什么人？平日里赴宴总不好好喝，硬要留十分的清醒。我何以要不醉而又何以不能醉呢！

进入草原的深处，我更是醉意十足，似醉而非醉，欲醉而不醉。汽车走在草原的纵深里，我们如让一叶竹筏载起的漂流者，浪浪在接天的绿波上。缓缓的有一拨一拨的羊群马群牛群飘来，如草原从容不迫的意象。

仿佛有熟悉的格格玛的“美丽的草原我的家”的歌声飘来，一时间满车厢的和声溅起。这些高一声低一声的歌唱，摇头晃脑的有之，得意忘形的有之，甚至有些声嘶力竭得不成旋律之音的介入，没有醉得不能自持的那种深度哪来这样醺醺之醉的感染力啃！经常出没于水泥与钢筋混凝的城市森林里，经受草原的清风朗气之亲炙，顿时感到生命另一种意义的存在，虽然我的歌唱里甚至有些跑调，却是喷发出了心底里的阳光。

进入蒙古包，不辨西东的浑圆，马头琴声逮着了我的魂魄悠扬而飘曳，我已非我，只剩下纯情和裸真。

能歌善舞的蒙古艺人歌舞到我面前，用银碗斟满酒高高举过头顶敬我，我一饮而尽；

好客的草原人劝酒，我一饮而尽；

我主动去敬人，我一饮而尽；

我也希望有人敬我，我一饮而尽。

我自觉地喝，大碗大碗地喝。然而大块吃肉的本领不行，手扒羊肉，味道奇美，可我的牙不坚利而胃不宽容，只几块便对付不住了，只想着喝酒。草原上的“套马竿”酒终于发生了它“套”的效力，把我给套上了。头有些沉，身有些软，腿脚有些轻飘，更按捺不住酒兴的冲动。

在我醉态可掬而忘乎所以之时，猛然想到蒙古人摔跤的威猛，亦想一摔过瘾。环顾左右，都是些文坛宿将如林非、周明、石英、王宗仁和石湾等，还有蒙古后代的企业家作家两兼的罗萌，多在花甲上下的年龄，显然不合适我来挑战。只有挑战红孩。红孩是中国文化报文艺部主任，妙龄在四十上下，个头不高却十分的敦实，体重 85 公斤许，无论如何我们都不在一个“级别”上。我情知力不敌他而向他挑战，很想一得被人征服而摔倒在地的快感。果然没有几个回合，我被摔了个“大背包”。红孩捞到了大吹特吹的资本，满面红光，也有些醉的深度，自诩是马背民族的后代。

我则乘势往草地一躺，如驴打了个滚儿，与素面朝天的大草原亲了个正着，然后也素面朝天地索性躺倒，伸了个大懒腰，伸展着屈曲久了的性灵，接受大草原温馨融融的蜜意抚慰。我枕着松软的绿草，压着那些叫不上名儿的野花，眼中朦胧一片，心与白云缱绻，身边的蒙古包梦幻般的丰腴，远处的山岫如乡愁一抹一抹的缠绵，泡子更有十分的柔情，晃荡着明灭的幽邈。耳边似乎有人在吟诵李白的诗："当其得意时，心与天壤俱。闲心随舒卷，安识身有无。"我则什么意识都不复存在了，而又仿佛获得了许多妙悟的暗示，恍若出世的安详，又如同入禅的空灵。

今宵酒醉何处。当我从迷幻中回到理智时，月已中天。

我有几分昏沉，似也有几分难堪，但更多的是庆幸，是惬意，在巴林大草原我毕竟还壮烈了一回，那是一回刻骨铭心的醉呵！

2000年8月初记

海枯石烂的守望

张祝平

中国的从北到南著名的海滩，我大部分都去过，尤以北戴河的鸽子窝、青岛的金滩、北海的银滩、深圳大梅沙的美景令我流连忘返。这次在海南，又去了被《中国国家地理》杂志组织评选为中国最美海滩的三亚亚龙湾等好几处海滩，但让我唏嘘不已，感慨万千的还是博鳌的玉带滩。

博鳌，这个名不见经传的小镇在一夜之间变为中国的“名城”，因为它成了亚洲论坛的永久性会址。

在去博鳌的路上，导游介绍说：原本亚洲论坛还有韩国的庆州、日本的冲绳等几处选址，缘何选在博鳌？因为这里是世界上河流出海口自然景观保持最完美的一个地方。水城区域内集河、海、山麓、岛屿等精华资源于一体，融椰林、沙滩、奇石、温泉等自然景观于一身。此处汇聚了三河、三岛与三岭：万泉、九曲、龙滚三河汇合处，连接有东屿岛、鸳鸯岛、沙坡岛三个岛屿，同时有金牛岭、龙潭岭、田蛹岭三岭三足鼎立于此，这三河、三岛和三岭与南海浑然一体，形成了世界上少有的热带河口入海的地貌生态奇观。碧蓝的海水，细腻的沙滩，嶙峋的礁石，婆娑的椰林，水中有岛，岛中有水，山崖、海景、水岸、河湾、密林、田园等自然景观元素，使人领略到浓郁的热带风光和海岛风情。

其实，我认为更关键的是亚洲人受中国传统文化影响，非常迷信风水，而博鳌的地势地貌以及如下关于它的传说与财旺有着密切的关系：

南海龙王敖钦的小龙女诞下一子，名鳌。而鳌长相奇异：龙头、龟背、麒麟尾。龙王见女生此怪物，勃然大怒，一气抽出腰间玉带抛向水间形成玉带滩，阻隔鳌母子欲归南海之路。

小龙女苦苦哀求，望龙王认鳌，却三秋未果，终面向南海化作龙潭岭。鳌见母此景，凶性大发，兴风作浪，祸及百姓。

观音闻讯，足踏莲花赶至南海，与鳌斗法七十二回终将鳌收服。降惊涛骇浪为龙滚河，聚百川千水为万泉河，合纵溢横流为九曲江，指三江汇拢鳌头，直泻南海；赐金牛一头，形成金牛岭；观音点化鳌成鳌龙，留下原身化作了东屿岛；卸下莲花宝座，即为现在的莲花礅，并在三江之地施五百宝器，天降财宝，地涌甘泉，乘鳌而去，留下这片美丽而神奇的宝地——博鳌。而“财源茂盛达三江”一说即由此而来。

由公路进入博鳌，映入眼帘的是大片的国际高标准的高尔夫球场，观赏区、沙坑、果岭、如镜的水池、高低起伏的丘陵所构成的景致极其精美。葱郁的椰树在微风中摇曳，仿佛南国佳人在展示着她那迷人的万种风情，棕榈的深绿夹杂着三角梅的紫红点点缀缀，丘陵上修剪的齐齐绒绒的翠草如茵如画。远山如黛，风光旖旎，宛如人间仙境。这些巧夺天工的高尔夫球场，使我看到了财富的象征。

经过亚洲论坛会址我们稍作停留，一直向玉带滩进发，那才是我想看的自然风光。

登上玉带滩惊鸿一瞥，摄心动魄。狭长的玉带滩仿佛像一道屏障把海与河截然分割开来，站在玉带滩上两边一望，那情形真是冰火两重天：东边是浩瀚无垠、奔腾咆哮的南中国海，仿佛是脾气暴躁、喜怒无常的父亲；西边则是汇合了龙滚河、九曲江水后携儿带女从玉带滩口赶去与南海夫君相会的温柔恬静的母亲——万泉河。

东边，一排排浪峰纷至沓来，巨浪拍击着海滩，“哗”的一声，沙滩上一片雪白泡沫，震耳欲聋。远处一排巨浪，把一只小船托到沙滩上，又一排巨浪退去时把船拖下海去，像是撕扯着、扭打着那意欲登岸的归舟。离岸几百米处有几块高低相间的巨石，人说那叫“圣公石”。据传古时，四维断绝，鳌龙作恶，水患不绝。女娲炼石补天，失手掉下一块巨石。此石不偏不斜，正好落在万泉河出海口处。博鳌从此风调雨顺。巨石还能指示渔人规避急流险滩。鉴于此石的神奇作用，自宋天圣年间以来，世人颂之为“圣公石”。圣公石，在海南方言谐音“升官石”，据说到此处只要对准石头频频回望就能升官。更多的人则说这是达三江的发财石。于是乎你可以听到那些导游因人而异的解说，满眼望去，乱哄哄的是那些或频频回望，或捏石在手，姿态各异，手舞足蹈拍照的梦想升官发财之人。突然，在我身后传来女孩“快来看呀，望夫石”的惊叫声。我回头一看，是几位到天涯海角来寻觅海誓山盟感觉的情男情女，他们对着石头激动不已，欢呼雀跃。这情形令我想起我国许多处流传的望夫石的故事，南朝宋刘义庆《幽明录》载：“武昌北山有望夫石，状若人立。古传云：昔有贞妇，其夫从役，远赴国难，携弱子饯送北山，立望夫而化为立石。”我觉得那块大的石头似乎是母亲，而小石似乎就是那弱子。她们凭海临风，看着孤帆远去。岁岁年年，日落月升，一次次的“天际识归舟”，而一次次的“过尽千帆皆不是”，“望来已是几千载，只似当时初望时”。（唐刘禹锡《望夫石》）那冲击在石上的浪花就如从古流至今日的四溅的泪珠，而那石上斑驳坑洼则是她苍老的容颜。她无语伫立，似乎面对大海的咆哮已不再亢奋，不冉激情，不再梦想，急切期望担忧之心已变成悄无声息的守望，守望着海枯石烂的那一天。

回头西望，远处，东屿岛上的椰树向着大海摇曳着，仿佛是当年美丽的女子向着那出海求富的夫君充满期望地招手送别。近处海风轻轻拂过万泉河，水面那层层涟漪就像女子的千万条细细的皱纹。是呀，岁月的流逝竟像万泉河那样波澜不惊，了去无痕，在不知不觉中，女子已是

“肌肤销尽雪霜色，罗绮点成苔藓斑”（唐严郾《望夫石》）。我耳边似乎回响着高胜美《望夫崖》那凄楚的歌声：

传说里，她站在荒野，
就这样，痴痴的等待。
这一等，千千万万载，
风雨中，她化为石块，
在天涯，犹有未归人，
在北方，犹有望夫崖！
山可移，此崖永不移，
海可枯，此情永不改。

这时，听到有人对那几个情男情女说道：“这哪是望夫石呀，分明是望富石。在这里人为财死，不为情终，想发财都想疯了。”是呀，这里更多的是对财富的守望。博鳌呀博鳌，没有哪处的景致与财富联系得像你这样紧密，没有哪处的人对财富的渴望像你这样的疯狂。正所谓博览天下，独占鳌头。

此时此刻，我突然感觉到这玉带滩就是一个巨大的天平，一边是南海，一边是三江；一边是财富的企盼，一边则是年华的消逝。多少人在那守望中消逝着青春年华，消逝着人生，付出了极其珍贵的生命代价和沉重。这种守望古往今来引领着绝大多数人的单调乏味的人生。在这世上尽管很多人都在做着升官发财之梦，但升官发财的毕竟是极少数，何况“一将功成万夫死”，升官发财本身就是极其残酷地让其他人的梦想破灭。纵然海枯石烂，等来万船金银，但对于那些个痴痴等待的已逝的生命来说，又有何用！对于绝大多数人来说，从某种意义上讲守望其实就是无望。

写于牛年正月初五迎财神爆竹喧天之时

寒假里的“钟秀”

王育红

钟秀校区，南通大学改名前的师范学院，别富诗意的名称，钟灵毓秀！

霏霏小雨，为这冬日添了一丝丝的寒意。偌大的钟秀校园，冷冷清清，往日的喧闹没有了。……从元月十日以来，校园日渐寂寥，白天还有成教生在主教学楼上课，到了晚上，孤独的校园路灯依旧明亮，所有的教学楼和学生宿舍楼都是黑漆漆一片。有的办公楼里还有几个窗口亮着灯光，大约在值班吧。人影是难得一见的，教育超市门口的垃圾桶那儿，两只猫在追逐嬉闹……在我们学校，猫是大学生常见的，而主校区那边还可以见到小狗呢。

教室静了，操场静了，马路静了，寒风瑟瑟中，只有枯枝在颤抖，这就是寒假里的钟秀校园。而暑期，虽然学生同样归家，夏之炎热却增色添彩，倒还不觉得沉寂。又想起去年寒假，钟秀也是银装素裹了十余日，沉重的积雪压断松枝……

25日早上，太阳红艳艳，却也抵御不了冬之寒。我去东南角湖那边转转，波光粼粼，与阳光浑成一片，煞是好看，却仍然一片静。晚上独自去的话，肯定怪吓人的。这是我校的未名湖，没有名字的湖，听学生讲，叫做“情人湖”！

我家门朝南，开门就是操场。往日里跑步锻炼的身影不见了。那两架秋千，空荡荡、静悄悄地低垂着，而二十多天前，或一男一女，或两女生还在那儿嬉闹。我的门前屋后，常能看见小情侣在生气，不吵也不闹，面对面静静地站着，有时一二小时之久。这样的生气方式别有情致，绝然胜似大吵大闹，或大打出手……

晚饭后，我照例去操场散步，独享这校园假日里的宁静，绕着跑道走几圈，吊环上也拉几下，再荡几来回秋千，而终因耐不住这寒冷，回家读书。

读书声没有了，寒假里的钟秀校园一片寂静。这是我在这儿过的第五年……每逢佳节倍思亲啊。后来，我在百度空间的茫茫人海中先后认识了宝鸡、西安、渭南的二个老乡，激发了我十年以来的思乡之情，遂作《思故园四绝》：

一

我今漂泊长江沿，梦绕魂牵想渭南。

秦声秦腔盈耳际，渭水悠悠思故园。

二

故里一别正五年，思亲念家泪斑斓。

大江浩荡无良伴，人情冷暖有心寒。

三

秦地游子心非贤，只恨此身把志全。

不羡烟花三月好，却慕秦川五月天。

四

我思故园心飘荡，来日还将梦魂牵。

万岁千秋归寂寞，聊慰一生情缠绵。

重修谯楼记

周建忠

钟楼，为通城一景，岂维声名远播，亦缘古朴可用。然观其功能，则先谯楼，而后有钟楼。然知钟楼者众，晓谯楼者寡，至于通谯楼、钟楼前后辉映者，则尤为寥寥。故值此修复之际，特为之记。

谯楼者，古时城门之望楼也。又称“谯门”，谓门上为高楼以望者耳，史载“穿堑发渠，以备盗贼”。谯者，通“瞧”，瞭望也。又古时瞭望之事，尝与值更、报时并举。至清平年代，此制仍然延续，往往迁谯楼于州衙之前，然瞭望之事渐淡，而刻漏有节、鸣锣报更、便民起居之功能，得到强化。由是，市民乃以“谯楼”为官方报时之地也。

南通，成陆也晚，筑城也迟。作为边地，宋代淳熙七年（1180）于州治始建谯楼，当为击鼓报警之用，后毁于火。元至正七年（1347）马毅来通任郡守，以“更鼓刻漏无节，民未便之”，而于今址重建谯楼，旋又毁于火。明代洪武三年（1370）知州熊春于原址重建，正统十二年

(1447）知州孙徽、万历元年（1573）知州屈希尹、万历三年（1575）知州林云程先后重修斯楼。至清代，乾隆十一年（1746）知州董权文、道光八年（1828）知州周焘、同治四年（1865）知州梁悦馨亦相继重修。

春秋代序，斗换星移，世纪更替，将越千年。人民政府重文化，倡文明，存古迹，构新图。重修钟楼后，复修谯楼，力图恢复二楼衔接、参差错落之景观。其可叹者，整修之中，有意外之喜，道光八年知州周焘重修谯楼时所立碑刻《星枢楼记》，悠然而现。周氏将此楼颜曰“星枢”，以为“州治谯楼，尤为风水攸系”，乃期望“园轶顾瑶，岂有淮海遗才之日；亭丛文会，必多忠孝状元之名”。其可奇者，后果不负所望，有状元者张謇出。张謇者，悠悠乎周氏异代知音也，且追寻西方科技，于民国三年（1914）在谯楼前兴建钟楼，以取代谯楼报时之任。钟楼仿英国伦敦大钟楼之外形，凡六层，亦兼有瞭望之用。底层为圆弧门，北与谯楼门相接，可直达衙署。其可惜者，啬公亦有刻石述其建楼缘由始末，原嵌于钟楼二层南墙；如今，斯文虽存，石刻难觅！

今之谯楼、钟楼，整饰一新，旧貌新颜，屹立于市民中心广场，遥与琅峰相对，一脉相通，佑护通城。而人才辈出，俊采星驰，亦周氏、啬公之愿，一州之幸也。

记于1999年11月6日

文天祥祠重修记

徐乃为

蒙元方锐，南宋将亡。公临危赴难，苦撑将倾之楼厦；征南逐北，力缀既裂之河山。两入虎穴，正气震慑敌酋；一死报国，丹心辉耀青史，此史有载而人所知也。

公之卓异壮烈，尤在屡败而屡战，获生而舍生也，其关捩转合处恰在吾通州者，岂可因时移境迁而湮没不彰哉？

德佑二年，公于阵前衔命觇北，谈判退敌。纵公理胜而气盛，惟敌信阙而义失。竟至拘而南冠，押而北遣。公乃乘隙出京口，越长江，奔真州，如维扬，趋高邮，间海陵，道海安，过如皋，经千险而抵通州，历百劫而捡一命。诚公《指南录·后序》之所述："予之及于死者，不知其几矣！"

然则，公既耻谄敌以求富贵，亦羞遁世而隐林泉。不以获生为庆幸，却视重振有契机。乃在吾通州，运筹画策，招旧募新；征舟编伍，越江渡海，驰赴南国疆场矣。嗟乎！成败之由，岂惟人事哉！亦且天时、地利，情势、机缘矣，遑论仅系一人焉！

而公之凛然舍生取义，几至明知不可为而为之，自是心中独无一己之私，特在存国祚、存社稷、存百姓而已，此其所以为时尊、为史重、为民爱而永垂不朽焉！噫，亦当微诚以荐，短联当哭：

文允魁元，武称宰弼，一阕长歌传正气；
生全社稷，死尽节操，万年伟史颂丹心。

死国疆场，死仇鼎镬，是死遂非死；
生民心口，生史册碑，斯生便永生！

公之寄寓通州仅旬月之间耳，而轶事之有传述，遗迹之有布演，岂非天道人心乎！

自宋元以降，公祠几修几圮，今盛世重光，自在倡导报国爱民而传薪继火焉。

义马坟凭吊

王志清

民国初年编《南通县图志·名贤留迹记》记载："观永市（当时观音山所在的行政自划）有文天祥马墓。"历代相传，文天祥在此南渡，其马因未能跟上主人便不食而死，葬于此地。观音山位于南通市区东南约十五里，那里有洗马池、马墓，即是文天祥遛马之遗迹。山上有庙，旧藏有独木鼓。民间传说，文天祥遛马时，百姓擂鼓助威。今崇川区政府建造文天祥祠堂并修葺马坟，出版《文天祥在南通》，邀吾特作凭吊马坟之文。

噫吁兮，南通热土，胜迹无数，笔者何以对"义马坟"而独注情愫？

义马坟，位于崇川版图之东南，是文天祥在南通留下多处遗踪之一圣迹。

义马坟之所葬，乃文天祥之坐骑，即驮主人历尽万千艰险而东来南通境内之骥骏。文天祥弃马渡海而南下，斯马因不得同行而终日不进水食，悲郁望海而嘶鸣不已，最终壮烈卧倒而“旦夕得正丘首矣”。

吁嗟！文天祥斯人，人中之英烈也。

吁嗟！文天祥斯马，马中之节烈也。

南通人为纪念斯马，隆重筑冢而厚葬，题之名曰：“义马坟”。于是，江海平原多了一则传颂千古的诗篇；于是，崇川福地也留下了一个让人扼腕的传奇。

清道光年间姜长卿的《崇川竹枝词》注：“文丞相渡海时，有马葬观音山下。”是现有马墓最早的文字记载；此后，民国《南通县图志》里及其张謇后编纂的《名贤留迹记》中亦载有马墓之事。张謇先生修缮马墓时亲题诗《文文山马墓碣》颂马咏：“主人为国能致身，马报主人如主人。马骨一寸千金银，埋金有光墓上尘。”謇翁视马如人，极其欣赏斯马精神而感慨以诗。“马骨一寸千金银”，斯马的汗马之劳，已经感人至深；而其忠义精神，尤其令人追怀。敬重忠义的南通人借马而做足文章，乃是为了弘扬忠义的传统意义，突出和强调忠义精神的非金钱可估的特殊价值。

笔者今吊斯坟，如见马影而如闻马嘶。脑海里出现了一连串的写马的名句，李贺诗云：“向前敲瘦骨，犹自带铜声”；“龙脊贴连钱，银蹄白踏烟”；“何当金络脑，快走踏清秋”。杜甫笔下的“汗血马”更是凌厉超迈，昂藏不凡，其诗云：“胡马大宛名，锋棱瘦骨成。竹批双耳峻，风入四蹄轻。所向无空阔，真堪托死生。骁腾有如此，万里可横行。”文天祥的坐骑也许并不高大威猛，不是乌骓也非赤兔，甚或已经形销骨瘦，羸弱不堪，然而，斯马之忠义，诚能感天地而泣鬼神也。我不禁在心底暗暗祈呼：马魂兮归来！节义兮归来！

“臣心一片磁针石，不指南方不肯休”。我们不必考论斯人斯马的愚忠之价值，而是在追问其“义”的触类旁通的意义。

关于“义”，文天祥在他的《指南录后序》里是这样诠释的：“生无以救国，死犹为厉鬼以击贼，义也；赖天之灵、宗庙之福，修我戈矛，从王于师，以为前驱，雪九庙之耻，复高祖之业，所谓‘誓不与贼俱生’，所谓‘鞠躬尽力，死而后已’，亦义也。”文天祥于国事危难时表现出高度的社会历史责任感，不辱国体，不辱使命，虽历万死而坚志不屈，其贯日精神，其浩然正气，正是中华民族之“义”的最精彩的诠释，也极大地丰富了中华民族“义”的内涵。

“义”，乃中华民族丰富的精神内涵里的重要元素，而且，“义”似乎还是众多民族精神元素中的最基本的要素，义生侠，义生忠，义生仁，义生节，义生万象也。“义”之生生不息，而有了代代不绝的仁人志士，有了无数名垂千古的河岳英灵。

“人生自古谁无死，留取丹心照汗青”。文天祥及其“义马”对于当下的意义，我们自然应该提升到“热爱”上来理解，提升到“忠贞”上来解读，而激发和生成拳拳报国之忠心，眷眷敬业之情怀。

真个是：路遥知马力，日久见马情。义马，已经不是一般意义上的“烈马不事二主”的含义了，有其人即有其马，马通人性，马同人情，马亦如其人也。斯人斯马，都具有了伦理层面上的精神象征。

“马骨一寸千金银”，是把“义”的意义无限放大。我们歌颂斯马，也即歌颂一种品质；我们追念斯马，也即追念一种精神。我们把“义马”作为一种精神的信仰，作为一种神圣的寄托，因为，我们看到了“义”的深沉内涵，看到了“义”的巨大能量。义，是一种向心力，是一种凝聚力，也是新时期我们进行现代化建设所非常值得珍重的一种精神动力。

文天祥在南通境内短暂停留一个多月，其留下的不仅仅是二十多篇诗文，不仅仅是多处可供瞻仰的遗址，还有那些很值得我们张扬和继承的一大笔精神财富。崇川政府耗资百万，崇川人民政协编撰《文天祥在南通》一书，即是张扬和继承的义举。感谢热情相邀，而应题作义马赋赞。

伫立马墓前，染一身英风，染一身浩气，笔者的思想跨越了时空。在这肃然面对之时，我们怎能不怦然心动而有深沉的呼喊呢！

马魂归来兮！

节义归来兮！

2008年12月24日急草于三养斋

访英散记三篇

周建忠

异域的际会

10 月中旬，我率领南通大学代表团，赴英国访问，主要任务是与我们的合作方——贝德福特大学洽谈合作办学事宜。

贝德福特大学位于贝德福特郡（Town），相当于县级市。县府鲁顿，是一个小镇。牛津、剑桥大学也在小镇，因为名校效应，升级为市（city）。英国基础设施比较完备，每一个市或郡，都有独立的市中心、大学、机场。贝德福特大学虽在小镇，但这里的机场却大于南京禄口机场的规模与流量，大学的在校生达到 1.8 万人，招生面向海内外，合作办校大学很多，仅中国内地就有 5 所：中国农业大学、广东外国语大学、南通大学、沈阳工业大学、浙江新闻传媒学院。

20 日上午我们一行五人，西装革履，“全副武装”，与贝德福特大学校方会谈。

接待我们的是常务副校长 Ashraf Jawaid，个子不高，其貌不扬，胡子拉匝，黑人底色，经询问，是巴基斯坦人，由是对老牌资本主义用人制度颇多感慨：没有国界，没有民族，没有歧视，唯才是举。果然 J 君思路清晰，大气而严谨，热情而冷静，将我们作贵客接待，有咖啡牛奶果汁水果等。围绕计算机科学与技术专业合作，扩展到旅游管理等四个专业，并增加合作类型，气氛融洽。

J 校长一高兴，决定请我们吃中饭，征求我们意见：中餐还是西餐？我们一致说西餐。结果弄到 1 时，在一个农家餐馆，门外田园风光高旷迷人，室内装修古色古香，异域风情浓郁，虽然饥肠辘辘，但仍然强打精神，与其应酬。我点了红酒，吃的 fish 套餐：一条并不新鲜的板鱼，据说很贵哦！还有清蒸刀豆，土豆泥。板鱼，已经很不新鲜，色香味皆无，但也没有异味，我还是坚持吃啦。

席间，继续合作话题，然后大侃，J 君听说南通美味刀鱼鱼刺太多、河豚有毒，害怕！我尽展其长，简单描述，弄得 J 君舔嘴自品，向往之至，我答应到南通招待他，他高兴得大叫。

2008 年 10 月 27 日

大英博物馆

到英国，到伦敦，不管多忙，有一个地方必须去的，就是大英博物馆（The British Museum）。

本来这次行程还要去德国的，当时德国接待的朋友拟订计划时征求我的意见：哪些地方你希望一定要去？我对德国没有多少印象，但脱口而出：莱茵河，马克思故居。朋友是新生代学者，很不理解：那儿很远很偏僻，一定要去吗？我说一定。尽管列入了计划，由于汶川地震，节约经费，我们去德国的计划被取消了。

好在英国之行，也能部分实现我们的愿望。我们的精神领导马克思在大英博物馆的图书馆，常年阅读写作，完成巨著《资本论》，我的中学老师的介绍，至今历历在目：马克思在图书馆读书写作，右脚在水泥地面下意识敲动，天长日久，就留下了一个前脚的塘儿。读大学的时候，政治课老师还是讲到，只不过有的讲脚印，有的说足迹。

我与陪同的中国朋友讲，只要在中国读完小学，社会意识、国家观念、世界观、人生观就基本奠定，不可能融入别的文化、融入别的国家——朋友承认，在真正的英国人之中没有朋友。他也认为，我们的意识形态教育，使他们在心底里与英国人格格不入，互不兼容。

遗憾的是，大英博物馆几经改造与扩建，不仅原来图书馆从博物馆已经分离出去，而且马克思的脚印足迹之说，也是难以实证的一种美谈，不可能像洛杉矶“星光大道”上一些明星的手印，天天有人比划围观。于是，就有了一种感悟：真正的伟人总是活在我们的心中，永远活在我们的精神世界。

还有一个对我来说很有吸引力的是，大英博物馆有大量的中国藏品，其中不乏国宝级的文物。

联合国教科文组织统计，世界上47家大博物馆收藏的中国文物多达164万件，流失在各国私人手中的中国文物大概是这个数字的10倍。这些文物中的大多数是在战争中流失国外的。

国画大师范曾最近提出，我们不仅要引导国民懂得感恩、敬畏，还要知耻。他说的耻，就是国耻，指我国近代以来积贫积弱所导致的被人欺负的耻辱，比如英法联军火烧圆明园，掠走大量文物；英帝国主义利用“船坚炮利”攻打中国，倾销鸦片等等。

看了大英博物馆的东方馆中的中国文物部分，心情特别复杂，青铜器、玉器、金银器、瓷器、壁画，琳琅满目，令人叹惋：特别是一种双羊头形状装饰的青铜器，我在国内很多博物馆（我先后看过国家博物馆、上海、湖南、湖北、内蒙、长沙、荆州等多家博物馆），从未见过，在各种青铜器的书籍中也没有看到。担任向导的小高只是叹息：这是我们的国宝，被他们弄到这里来了。我一口气拍了大量的照片，以为较全，但据介绍，这仅仅是其中的极小一部分。回国之后，我上网查了流落大英博物馆、流落英国的中国国宝目录与图片，那真是不胜枚举，一言难尽呐。

有很多国家与文物专家提出，流落异国的文物，凡是属于掠夺的，都必须原物如数归还，完璧归赵；凡是属于走私处境的，可以通过购买解决，比如流落香港文物市场的战国楚简，上海博物馆就出重金购回，现已出版为《上海博物馆藏战国楚竹书》。

看来，这方面的事情，还真的需要几代人的努力，任重道远。

大英博物馆是世界上历史最悠久、规模最宏伟的综合性博物馆，拥有藏品六百多万件，和纽约的大都会艺术博物馆、巴黎的卢浮宫同列为世界三大博物馆。大英博物馆包括埃及文物馆、希腊罗马文物馆、西亚文物馆、欧洲中世纪文物馆和东方艺术文物馆。其中以埃及文物馆、希腊罗马文物馆和东方艺术文物馆藏品最引人注目。

我们在馆内时间不长，只看了埃及馆、东方馆，而且是浮光掠影。

坦率地说，我对这里也是有好感的：一是真大，布置精致，大气、宏伟。二是免费开放，参观者络绎不绝，热闹非凡。三是馆内有高水平的专职研究人员，有大量的研究成果，这是大馆与小馆的本质区别。四是欢迎各地研究者前来合作研究。

临走，我买了一本《大英博物馆》，6个英镑，中文本兼图文本。套用“文革”样板戏的台词：将它带回去研究研究。

2008年11月19日

庄园的夜宴

英国贝德福特大学有四个校区，其中一个校区是一个有三百多年历史的庄园，老树成林，绿叶扶疏；草坪过于平整，如诗如画，一眼看上去还有点视觉惊讶，松鼠、野鸟触目可见，听说还有野鹿出入其间，景色迷人，完全没有人工的雕琢。房屋建筑还是中世纪的风貌，外墙斑驳昏暗，校方介绍，房主原是丞相夫人级别的，现在是国家级文物保护单位，不得改造，也不许盖新楼。但室内已重新装修过，简洁、明快，类似我国的明代风格。壁炉出风口已封存，完全是景点点缀，但壁炉上方的砖雕，记载着历史故事与民族风情，诉说着古老庄园的前世今生。

由于两校的特殊关系，以及合作的进展，校长 Les Ebdon（莱斯·艾伯顿）在庄园设晚宴盛情款待我们南通大学代表团。

宴会定在夜里 7 时，我们如期到达。那是一个中等房间，东头是条桌横着，分列干红、干白、几种果汁点心。中间安放一个长方形会议桌，印象最深的是桌布真白、真干净。项目负责人（manager）岳勇告诉我，先喝酒或果汁，点心随意，站着聊天，到 7：30 时正式开始。我点了一杯干白葡萄酒，边喝边与参宴的朋友聊天，了解双方的国情变化。谈笑间，艾伯顿校长进来了，国际处王海主任分别介绍主宾，该校与宴的男士一律西装革履，女士着套装，各种首饰交相辉映，珠光宝气。

艾校长听说合作谈判取得新进展，立马说：我要致词。艾校长长得人高马大，细眼睛，大鼻子，尖嘴巴，白人，借用我国“非典”术语，属于非典型性白人，脸色偏黑，面善，不难看，言词谦和真诚，谈吐儒雅，有绅士之风。

接着双方围绕长方形圆桌相对入座，我与艾校长南北向中间面对而坐。晚宴是各人一杯酒或者饮料纯净水，然后上餐：第一道是一个小面包加黄油，先涂后切，弄成小块慢慢品尝。第二道是鸡肉拌饭，有苹果色拉，可以用蔬菜、小西红柿、黄瓜片拌吃。鸡块是速成饲料喂养的，没有鸡的味道，咬一口，就分丝分层，有棉絮的柔韧，难以下咽。我就用蔬菜拌色拉，前后三次，属于贵宾待遇，一般人只夹一次。最后盘子里只剩下鸡块，乘主人不注意一挥手请服务员撤下，他们则吃得颗粒不剩。第三道是水果，有草莓、青苹果、橙子、哈密瓜、菠萝。第四道是茶水和咖啡，茶水有英国红茶或中国红茶，任意选用。

艾校长话语不多，大多听取我们对中国、对南通的介绍，以及一些改革的进展，看来他们包括华人对中国很不了解，想象我们很落后。我介绍海内外招聘人才、现代化、网络化的情况，他们感到不可思议，先是怀疑，继而羡慕，觉得“夕阳帝国”有些地方真的落后了。校长一高兴就举杯敬酒。我也质疑英国本科三年研究生一年的学制，并说这样的毕业生在知识界不受欢迎，艾校长回答英国已讨论多次研究生学制问题，主要因为一年学制可以吸引更多的国外学生，看来他们发展高等教育的一个目的就是赚钱，对此，我们也吃惊不小。

艾校长对我们非常友好，两次起身，端起盘子给我们送蔬菜、水果，实在客气。最后我们互相致词，互赠礼品，互相祝福，握手道别！

一出门，一阵冷风迎面吹来；一个哈欠，浑身无力。

代表团共同的感受是：

他们真客气！

太隆重！

吃得好累！

2008年10月25日

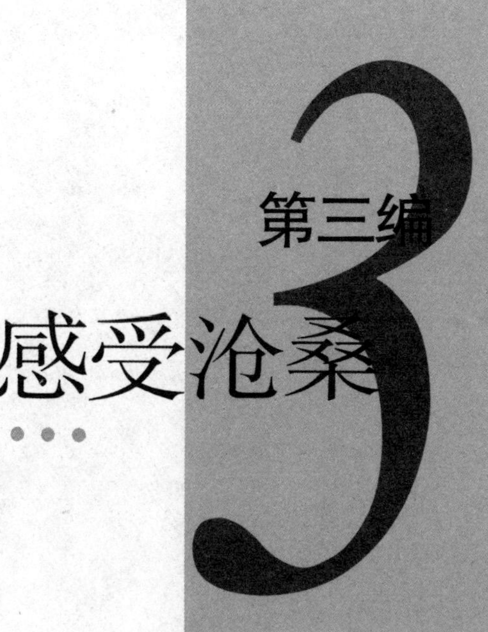

第三编 感受沧桑

负笈南京读博路（南园杂忆十二则）

王育红

南园，我生命的驿站，一住就是整整六年(1998.9—2004.6)。

南园就是南京大学正门对面的学生生活区，教学区自然是北园。南园和北园，中间隔了一条汉口路，每当上下学前后，这里熙熙攘攘，川流不息，最是一道风景。这道风景，大约上演了一百多年。因为2002年，南大百年校庆。

魂牵梦绕的南园，那点点滴滴的记忆……

1. 艰难的起飞

在我四十年的生命里，最激动人心的也就两件事。考研，实在是我人生的起飞，虽然飞得那么艰难，飞得有点迟、有点沉。另一件是我现在带的中文师范062班，经过不到两年的努力，于2008年5月被评为“江苏省先进班集体”。

考研，我是在炼狱中度过，不堪回首，一言难尽。这里只说说那憧憬的结果。1998 年的考研，我还是报考了南京大学，成绩 370 分，该死的英语才 54 分。而 1997 年国家的单科最低控制线是 55 分，这么看，我将一分之差，多年的辛劳又要付之东流。接到成绩单的第二天，我急忙跑到陕西师范大学，找经人介绍的杜文玉教授，再由杜教授的引荐，我终于和古籍所的贾二强先生见了一面。该说的都说了，贾先生也答应招我。同时获知，他的弟弟贾三强就是十年前在西北大学教我古代文学史的老师。

我带着希望和不安离开了西安。然后就是漫长而折磨人的期待，我在痛苦中煎熬了十几天，忍不住给贾二强先生去了电话，人家说已经招满。我被拒之门外，那个晚上，不知道是怎么度过的。次日，我还是抱着一丝希望又去了西安，先到在西北工业大学执教的同学那儿，想一块再找找陕师大。同学也说，莫名其妙，怎么就无缘无故不要了。

在当时的绝望中，又试着给南大的陈雅老师打电话问问情况，陈老师第一句话就说：“等坏了吧，你考上了。”惊喜之下，我却说了找陕师大的事，陈老师说：“昨天国家分数线出来了，单科最低 51 分，你从最后一名排到了第三。”我想，怪不得陕师大不要我，原来我可以上南大了。这一番周折，竟是虚惊一场。

那年五月，我去南京复试。六月底，收到南大研招办寄来的入学通知书。梦想成真的时候，已经没有了欢乐和喜悦，反而生发出许多悲伤，我清晰地看到，那考研路上竟是一道道的血迹。七月初，我与工作了八年的单位办理离职手续，打点行装，准备着重新开始的学生生活。

2. 跟着火车跑

1998年9月8日12时，我踏上了东去的388次列车，与送行的几个朋友和我的妻儿道别。岩是要跟着去的，上车前，他就一直拉着我的手不放。汽笛长鸣，火车缓缓而行，我挥手再见，却看着我那六岁的小儿子一边哭，一边跟着火车跑，我的妻子和朋友们跟着我儿子跑……我的泪水夺眶而出，这一幕，让人好不伤心，我深切体会到"人人尽道断肠初，那堪肠已无"的滋味了。

列车在飞驰，我默然地坐着，和儿子在一起的幸福生活浮现在眼前。岩很喜欢故事书，每天晚上睡前都要我读给他听，家里所有的连环画册读完了，他还是缠人，我就编造了"王岩和小黑猪的故事"，没想到他听得入迷，我天天晚上讲，于是，便有了续集、三集、四集等等。我这一走，儿子也没有了和小黑猪的故事……

那天火车上人少，我一人躺一长凳，想了一路也睡了一路。到了南京站行李超重花了10元，坐出租车13元。9月9日研究生新生入学报到，南园显得格外热闹，各系都有接待站，唯信息管理系的没有看到。我还想着是不是来得太早，等了两个多小时，到系里才知道不设接待站。然后报名填表注册，算是入学了。我住进18－102宿舍，与小侯、周军、小马同室。

带着家人的嘱托，背负重担，前行维艰。初到南京，一切都那么陌生，落寞感顿生，我并没因考上而自豪，挥抹不去的仍是忧郁与不安。生命本就荒凉，在这繁华的都市，我一个贫儿，自惭形秽。最愁的是英语学位考试和将来的就业，忧心忡忡，备受折磨，几度为之崩溃。如今想来，那全然是自寻烦恼，我居然忘了常挂在嘴边、陆游揭出的亘古不变的哲理“山重水复疑无路，柳暗花明又一村”。

儿子跟着火车跑，我终生难忘。我在南园住了六年，只在寒暑假回家，每次离开，这一幕总要上演。有一次，儿子还摔倒在地。人世间，离情最苦!

3. 读书日子里的思念

在南园的读书日子，除了上课就是自修。尤其在周末，常常独自在宿舍苦读，而离家的隔寞一天天在这都市的氛围中涤荡，那是浓浓的思乡之情，那是无可奈何的怅惘之心。9 月 15 日黄昏时分，对面宿舍的电视正播放《海尔兄弟》，伴随着那乐曲和对话，我潸然泪下，我的岩儿此时也正在千里之外看动画片哩。我不敢想曾在家的那些苦乐年华，我的岩儿在闹在玩、在哭在笑、在看动画片、在他妈妈的督促下偶然写写字看看书，最怀恋的竟是岩每晚的吵着讲故事。

每天都是新的，是另外的太阳，另外的风景。晚上则提着书包独自从南园到北园上自习，城市的夜空五彩斑斓，那是大地上太多的五颜六色……每天承受压力，感受孤独，孤独却永远没有新意！

尽管身在忙碌，心依然孤独，那是因为有一个遥远的梦想和现实的千钧重担。以这样的心情就读于南大，自豪，荡然无存。9月29日晚自习回来，偶望夜空，农历八月的月亮快圆了，今年的生日，只有明月与我相伴。今年的中秋节，不能再团圆。这一半孤独，那一半寂寞，我想念孤独和寂寞的浑然一体，想念我那一天天成长的小儿子。

10月3日，天上的月亮圆了，我看到的是岩儿的脸庞，稚气与天真，那双大眼睛流露出想念，隐含着抱怨。睡梦中，岩儿又哭了。我真后悔，给儿子带来不快乐，让他生活在想念之中，让他幼小的心灵遭遇想念的伤害。皓月当空，我自怜自艾。月圆是一种悲哀，天天自习累极是悲哀，长路漫漫悲哀，别妻离子悲哀，看不见希望悲哀，脚步沉沉悲哀，囊中空空悲哀，举目无亲悲哀。我人生的格调竟如此一往如前，一直低沉，一直悲哀……

前八年，噩梦般的漫漫长夜，满腹委屈与辛酸，谁人能了解？八年的奋斗不息，八年的默默无闻，八年的失魂落魄，人生几多八年风霜雪雨？

4. 寻购《狮子王》

十月的南京，晴天少阴天多，小雨时时下着，撑着雨伞，沉沉的脚步踩着异乡的土地，心胸中全是我那活泼可爱的小儿子。每顿饭放下碗筷，一个并不奇怪的念头闪现"今天我还有饭吃"。三年里，每月的生活费就是学校发的248元，吃的什么，可想而知。生活虽然艰苦，精神压力却如雷如山，想得太多了，负担太重了。面临崩溃，我一次次地拯救自己。自我调节，自我解脱，自我超越，十年前，在西北大学熬白了头，难道南大三年研究生要熬死不成……我必须奋斗，I must get a job. And to get a job, I will have to work a doctorate. Now I have to start working hard for it. Given me a level, I can shake the earth.

21日下午没睡好，和周军逛书店。在南园南门旁广州路上的江苏高教书店见了《狮子王》下册，封皮已撕裂了一半，问了书店老板，仅此一本。《狮子王》是儿子最喜欢的动画片，我曾陪儿子天天晚上看中央一台播放，因此决心为儿子买下一整套全新的，不过就二十多元罢。晚上本该上自习去，心里却老惦记着这件事，于是独自步行至新街口新华书店，不料，刚一到那儿就下班了。在中山东路几家小书店转悠，有一家特别诱人，书是全新的，还八折，看了几本我想我用得着的外语书，犹豫了一个多小时，还是没舍得花那十多元。到八点多，该往回走，突然想起还是买那本破的下册吧，让他降半价，最多给7元。一想起可爱的儿子的生日，父亲却送他一本破书，我强忍着泪水买书的，就花了7元。

那个晚上，我为祝贺儿子的生日，给儿子买了他最喜欢的《狮子王》下册，一本"破书"，我的心碎了，泪水止不住了，又一次泣不成声。我不是没钱，而是舍不得花钱。我每日都在吃饭上省几毛钱。一天三餐的花费不及人家一顿，天气渐寒，我还是洗着冷水澡，一次能省下一块八毛。

回到宿舍，我就泪水涟涟，伤痛饮泣，我已无法自制，却仍用精神法自慰了，书皮虽破，内容却完好无损，且少了5.5元，才觉得心安些。然而痛苦的父亲永远不能忘了给心爱的儿子买了一本破书作生日礼物。

我实在不该给儿子的生日，六岁生日，买一本破书，然而却买了。面对着经我用胶带粘好的书，就作儿子的礼物吧，儿子最喜欢的《狮子王》。今生今世，我铭记着那天的不幸与伤心。

接下来的几天，我更加苛求于生活，难为于自己，我为吃一袋1.5元的方便面要懊恼半天，早点不吃了，一天的午饭仅花了9毛7分。千万不要让别人耻笑，最怕的是那种嘲笑的脸色，幸亏我懂得了活人之法：不是为别人而活。那年月，我基本上过着半饥饿的日子。每到晚上都饿着，室友的吃东西更刺激我的食欲，我是想吃些什么。我明白了，儿子为什么看别人吃东西就嘴馋，我也体验着无情的饥饿的折磨。我有一个微妙的希望，应该每月省出70元给儿子。

5. 不做钱的奴隶

我是辞了工作上研究生的，面临的挑战、忧郁比别人多得多，但这是进步的压力和动力。人活着是怀着一个希望，为之而生，为之而没，为之而奋斗。我的日记本上写着一天天的花费和当日读书的时间。别无他法，只得天天往教室里跑，狠命地学，按计划学。那时生活艰苦，但精神不能倒下。

曾读过朱镕基总理的故事，他自幼丧父，刻苦学习，为得奖学金，减轻家庭负担。贫穷不是过错，正是由于这样，才奋力追求，苦苦努力，以求光明前途。贫穷考验着我，要正直的贫穷和诚实的富裕，要保持开阔的心胸，清醒的心志。

十二月降临人间，伴着凄风苦雨来了，随着阴冷与雪花来了。冬天的南京，这种风暴式的气温骤降真是忍受不了，两三天来降了十几度。这寒冷与那英语都使我十分的不自在。心情沮丧到了极点，烦恼与犹豫袭来，意志的大厦倾塌，我在死亡的边沿徘徊，万念俱灰，唯有那孱弱的声音在呼喊，那是儿子的祈求，而感情的荒漠渴求妻子的爱怜……

人生，要以希望来充实，生命才不会枯萎凋谢。昨天一个吴迪启示，今天一个娜朵指引，我那死亡的心又在狂跳，说吧，有那么多耳朵在听着，写吧，有那么多眼睛在看着。我又一次用生命触摸生命，感激那落花时节，那个遥远的令人心碎的故事，冶炼中的生命铸成的是魔鬼般的日子，这是以最残忍的人性折磨去追求人性光辉的最高境界。每天的生活都很艰难，而崇高的目标使心潮起伏荡漾，却也不管了那饭的味道了，在天寒地冷时还是去洗冷水澡吧。

钱这个东西，在我看来最是可憎可恶，不是为了钱世上不知要少多少灾难。12 月 9 日早上，在南园门口看了一则家教信息，就再也看不进去书了。10 点，我走出教室，步行到夫子庙瞻园，没找到地方。在秦淮河边徘徊良久，李香君的故居依旧在那里，那是一个令人荡气回肠的去处，是一个令人回顾往昔的所在。

不知总共走了多少里，所到之处都是繁华，我才真正感觉到贫穷是什么。我这城市的贫儿，一路走，一路胡思乱想。下午 4 点多才回到宿舍，那落花时节的梗概已呈现在我的脑海里。

第二天，我就认为找家教是干了一件蠢事。因为浪费了我大半天时间，而且英语学位考试日渐逼近，对身体糟蹋太多，昨天走在路上还有眩晕感，或者是因为午饭只吃了两个花卷，或者是忍着零下 2 度的寒冷洗冷水澡……

6. 游子的呼唤

逝去吧，1998，带着我的苦与恨匆匆离去。我在南园过了 115 天，日日痛苦，天天孤独，思妻想儿，恐惧未来。阳光不照我，南京不恋人。凄凄惨惨，顾念往昔岁月，一串血迹斑驳。抬眼望，又是满满 365 日，我用什么报答生命。

一天天重复着生活的艰辛，一步步的乏味、枯燥、无聊、万般寂寞和孤独构成了现实的严酷无情。我采取积极态度，以热情驱赶这些不良情绪，以每一个努力取代一次次感情的沉沦，否则，我的时间和生命势必与之同归于尽。

“江南佳丽地，金陵帝王州”，这的确是个令人想入非非的好地方，中山陵、雨花台、秦淮河、夫子庙、玄武湖、栖霞山等等，无不激发人的遐想。然而我最惦记的还是温饱，多少次忍着饥饿睡去，寒气袭人中洗那冷水澡，寒风凛冽的冬天冷得发抖，晚上则难以入眠。夜晚的内容实在丰富，繁华喧闹显得我乞丐一般。情侣的出双入对给我感情的荒漠，我夜夜都在恐惧这夜幕降临的日子。

我的确给自己创造了悲哀，体味生活的坎坷，感觉人生之内涵。1998 年流逝，我回家的日子已经不远了，思乡之情遽增，我记下了游子的呼唤。

从西北苍茫到东南华美
从黄河上游到长江下游
从呼唤到呼唤——
西北风在呼唤
荒原狼在呼唤
黄河涛声在呼唤
黄土忠魂在呼唤
渭水在呼唤
华山在呼唤
爹默然无语在呼唤
娘思念泪眼在呼唤
妻独守家园在呼唤

儿苦雨凄风在呼唤
西北的天在呼唤
西北的地在呼唤

从黄土高原到长江平原
从天的那头到地的这头
从呼唤到呼唤——
呼唤我恋念的天
呼唤我梦中的地
呼唤铺天盖地的霜雪
呼唤一望无际的大漠
呼唤爹的呼唤
呼唤娘的呼唤
呼唤妻的呼唤
呼唤儿的呼唤
呼唤信念
呼唤游子

1999年元旦那天，徒步到新街口百货大厦给岩买了个玩具“敢达变形金刚”，花了72元，回来路过书店，又买了《少儿英语乐园》四册，《三国演义绘画本》，共22元。买好了礼品，我的心已飞回那朝思暮想的家园。接下来的十几天里，忙着查资料、写论文，完成了本学期三门专业课的作业。元月十三日，考完最后一门政治课后，乘33路车买票，一上车，怦然泪下，这是我在南京第一次乘公交车。我熬过了整整128天，经历了怎样一番风雨人生，明天要踏上386次列车，看见盼归的妻子和儿子……

7. 落花风雨伤春

1999年3月6日，我离开温馨，很不情愿地回到了南园。春寒料峭、斜风细雨中，我冷眼望天，寂寞的灵魂飘荡。在颓废的时候，冥冥之中，可怜的妻儿那渴望的表情时时浮现，像在斥责我为什么不用功学，又像在劝慰我心灵的宁静。于是，重新振作，拼命努力，就是多记一个单词，多练几句听力，多写几篇作文，都是收获，光阴不该消磨在那漫无边际的忧愁中。我应时时牢记肩上的责任。

客居他乡，整日里忙忙碌碌，心却天天在飞，迎着落霞，飞向西北。3月20日有一次难忘的记忆。同学李刚约我去南大江北的浦口校区，正在建设的校园显得有点荒凉。在那儿看到了花和草的萌发，我才意识到自然的节律已经迈入春了。一丝窃喜，到底是我忘了自然还是我被遗忘了，原来，我的世界太孤独。回去是从浦口校区一直走过长江大桥，虽然累得一塌糊涂，却领略了人的伟大。新中国这座桥是一个创举，以前在年画里、挂图中见过无数次。如今真切地、亲密地接触，桥的雄壮，beyond my descriptions，我只叹息自己的浅薄和词汇的贫乏。当我站在风地里、伫立在大桥上，望着涛涛江水东流，千愁万绪云集，只想把自己融入长江……

也许真的没有过不去的山和水！我感到，不看看长江大桥，不知人的伟大；而不看电影《铁达尼克》，就不知天崩地裂时人的渺小。人啊，我们可怜的生灵。人生，原本淡泊如水，何必把它刻意弄成醇香的茶，平平淡淡是真，又为何要把一泓清水弄出涟漪来。

阳春三月，缓慢而匆匆地流逝。那天，听陈红唱《常回家看看》，“找点空闲，找点时间，领着孩子，常回家看看；带上笑容，带上祝愿，陪同爱人，常回家看看……”这是唱给思念的游子的，我泪流满面。以后每次听这首歌，都会如此。

清明过后，南京就热起来了，在繁华盛开的日子里，南园、北园被大自然装点得格外美丽。一想到春残花落，光阴飞逝，我已不再为青春伤感，那是已经远逝了的年代，我在为这些将要凋谢的花儿悲叹——“繁华容易纷纷落，嫩蕊商量细细开”，诗人杜甫如是说。可总有凋谢的那一天，待到“天涯何处无芳草”之时，随之而去、而来的，都那么自然而然。

8. 怀念祖母

1999 年 6 月，梅雨季节已经来到，南京的天，整天在哭泣……

6 月 10 日晚 7 点多，堂兄来电话，我惊闻祖母逝去，泪水不断地流。我的父亲和姑姑说，祖母在 5 月 31 日突发脑血栓，不省人事几日，6 月 8 日去世，今天入土为安。我才知道，办完了丧事才告诉我的。我抱怨父亲不让我回去给祖母送葬。

遗恨，总相陪。我心抽泣，在宿舍里不知哭了多久，直到室友一个个回来。

怀念老祖母，往事浮现心头。一生操劳，一生节俭，一生默默耕耘，一生粗茶淡饭（祖母一生都不吃肉），辛苦的一生，我的祖母，在八十七岁划上了句号。还记得祖母1979年从老屋搬向村南头新家的最后一次痛哭，那是舍不得住了六十多年的根。那是一个没有月亮的夜晚，祖母哭罢，送给我十六张白纸，让我裁成小本子写字。我一直对白的纸有独钟之情。

今年暑假回家，看不到祖母了，也听不到她的唠叨。也许祖母是带着对出门在外的孙儿的遗恨去的……还记得祖母每次给我留些好吃的，糖、瓜子、水果等等，而今年回去我给祖母买的东西谁吃呢？一想起祖母，泪水就流。给祖母的礼品成了永远的祭品，暑假我回去时，少了一个亲人，多了一座新坟。

祖母十六岁嫁到我家，身体一向健康，却匆匆弃世。虽然和我父亲有太多的恩怨，祖母对我却爱护有加。我出生后，差点死去，得的是小儿百日咳，是祖母和我母亲的精心抚养才活了下来。那时候，爷爷和我父亲闹矛盾，不给我起名，祖母给我取了“育红”这么个女性化十足的名字。我的堂兄弟育康、育平、育民、育征，都是爷爷取的名，我是听着祖母叫我“红儿”长大的。如今，祖母的音容笑貌永远铭刻在我的心头了。

我在悲伤中度过了一个月。晚上常梦见祖母流泪，和我一起痛哭。等我忙完这一学期的学业，7 月 10 日回到了家，我再也忍不住心中郁积的哀伤，扑倒在祖母的灵堂前，号啕大哭……

日子如流水静静淌过，无限的哀愁浸透在我的思恋之中。

9. 博士路

虽然在南园过着惨淡的生活，但在精神上每每有所收获。支撑着我艰难迈进的是一个希望——考博。此念常常萦绕心怀，于是，一点也不计较生活的苦与贫。当无心就学时，我一次次以考博自勉，为之苦读，为之奋蹄扬鞭。那两年多的心思、抱负和努力见于我给南大博士生导师徐有富教授写的一封信里。

徐老师：

您好！一直想与您电话联系，却找不出合适的理由，怕让您生厌烦。今日叨扰，亦仅表我求学心迹，权作您茶余饭后之消闲罢。

春节过后，开始复习，天昏地暗，每日学习总在十多小时。听莫老师讲，学术史一门主要考察基本功或知识面，找了二十多本相关书籍，已读一遍；连同您那六本，也读二遍，自觉收效不小。因为爱好所致，虽书多量广，也不觉得太累。英语一科，虽词汇量在万字以上，应试却不乐观。近日复课情况向您汇报于兹。

我对文献学爱好已久。早在1988年西北大学时，杨绳信先生教授目录学，我很喜欢，考了全班第一。期间，见戴南海先生《版本学》一书，因穷而未买，借来抄一遍。1992年，见凌朝栋有您的《校雠广义·目录编》，借来抄了一遍。当时我儿出生十余日，我母亲与我妻见我整日抄个不停，还问我：学习是抄书吗？此乃兴趣使然。1999年，获悉您的《校雠广义》二版已出，实在想买一套，与您联系，您居然送我四册，令我激动了多日，难以忘怀。

考研那阵，一心想报考您的研究生。后得知先生荣调中文系，那边课程参考书还得从头复习，这边却准备较为充分，当时就想先将就考本系，考上之后再考徐老师的博士。1998年9月入学报到，第三天面见先生，始得与您相识。当时您指出抓紧英语，并指点了专业课的复习，此情此景，历历在目。

然而这三年过得颇不如意，其中一年多时间尽搞了我不喜欢的专业，而喜欢的却无暇顾及，心中痛苦，无法诉说。引以自慰的，在寒暑假之际，方能安心就读目录、版本。另外，在考前这两月颇能尽心学习，也无他事干扰了……

近日读书，了解了几位大师的学风及治学方法，尤其是其人铮铮之学术品格，令我兴奋不已。联想到您的学多识广及正直人格，心想，如能从先生学，才不枉此生。我不去找工作，背水一战，也是加强学之动力。又育红家贫，自费太难。惟其这一条出路，尽心尽力，也要创一个辉煌。我资质愚鲁，但牢记“勤是无价之宝，学是明月神珠”这一古训，得先生之点拨，努力而为之，不负您的期望。

敬祝先生、阿姨身体健康！

学生　王育红　敬上

2001年3月27日

4月5日，徐先生给我的回信中写道：“得知你的苦学精神深为感动。常言道‘有志者，事竟成’。只要你持续不断地努力，相信你一定会获得成功。”

在老师的鼓励下，我带着生命的期待，终日奔波在没完没了的辛苦之中。书，看得我口干舌燥，心烦意乱，多少次，空荡荡的教室里就我一人；四月初的南京，天气仍寒，有时冷得逃回宿舍。年过三十五，却一事无成，沮丧、悲观情绪顿生。在苦难的笼罩下，艰难地跋涉在这苦短人生路上……

我奋力前行，迎来了4月21、22日的博士生入学考试及23日的面试。从此开始查资料、写我的硕士论文。5月15日，南大的考博成绩公布，我的英语64分，中国学术史90分，中国古典文献学77分。我只高兴了两天，17日，到研究生院询问，最低分卡在65分。这是当年考研结果的重复，英语，一分之差！我立即找我的硕士生导师，他打电话给研究生院、中文系，还有我报考的徐老师，说是可以破格。18日，我拿着写好的破格申请到中文系找徐老师，他说申请要他来写，便亲自起草了一份。我至今还记得，徐老师写的最后一句话是“专业成绩很好，英语仅差一分，特申请破格”。

焦急的等待中我还要赶写硕士论文。到25日凌晨4点，毕业论文全文完稿。8点20分，我给中文系王一娟老师打电话，说是破格成功。我的博士梦实现了。6月21日，领到了硕士毕业证、学位证和博士入学通知书——南园三年的收获。

面对孜孜以求的结果，我笑谈往日凄凉，居然是丰硕的三年，饥饿的三年，寒冷的三年。漂泊在饥寒中，步步血迹。生乃草芥，死更不复言，我淡然于生死。想三年前初来乍到，举目无亲，几多悲伤；飘零的岁月，四顾茫然，夕阳无限……

10. 两地书

1998年9月9日，我到南京大学报到，第二天晚上便写信给妻儿，到 2001 年 4 月 18 日，我寄出了第 44 封信，我给妻儿的信都是编号的。与此同时，收到妻子 38 封和儿子写的 34 封信。每当妻儿的信来了，就意味着我要忘却悲伤和忧郁，要沉浸在一时的幸福之中，这是维系生命的两地书。

“爸爸：你好！你想我吗？我天天都在想你。我学习进步了。”这是我在南大接的当时六岁的儿子的第一封信。让儿子幼小的心灵承载分别的思念，是我最不情愿、也无可奈何的事。儿子稚嫩的口吻时时令我伤心……

> 爸爸：我天天都看着月亮就想起你了。你还想不想我？(1998.11.3)
>
> 爸爸：我爱六神合体机器人和葫芦娃变形金刚。我爱看《狮子王》。老师给我调座位了，我们班里有小偷。我不想和王鹏坐了。(1998.12.1)
>
> 爸爸：我妈给我买新书包了。石琳娜和何松爱打架，我在班里还能看戏。上早读时李超老摸我的书包里边，该咋办？(1999.3.23)

虽然相隔千里，我们彼此牵挂。我读着儿子的心声，岩一天天长大。黄一霞和我 1991 年结婚，分别两地，相思更苦。她是一个非常实在、活在现实里的人，从第一封信，就开始记录他们母子的生活以及对我的万般关切：

知道你平安到达、一切都好，我和儿子都放心了。家里的一切你都不用操心。自你走后，岩儿变得感情特脆弱，不用说打，稍稍说他几句，他就会流涕大哭，并喊“我要我爸”……现最要给你叮咛的是，不管伙食费多高，饭都要吃好，原则是既吃饱，又有营养。身体千万不能垮！钱不够，我会给你寄的。我和孩子在家里随便凑合都要比你在外吃的舒服……(1998.9.21)

一直到她的第38封信还是如此：

……一听到周围某某病了，就担心起你来，你吃的又不好，还不锻炼，生活又没规律，经常熬夜，再好的身体也经不住这样的消耗。所以还是奉劝你吃好点，爱喝奶粉就买上，花不了多钱的。尽量生活规律化，能锻炼更好。(2001.4.28)

这些质朴的文字，就是我在艰难困苦中的暖流，激励着、鞭策着我为我们的将来奋斗。然而，妻子的不幸一如我的伤痛，我们的感情都是荒漠。2001年，我忙着备考博士，“五一”长假前，4月15日，她的来信写道：

昨天打电话要你“五一”回来，但你又有那么多的事要做。

只要你一天不回到我和孩子身边，我的

> 心都不会有实在的感觉，永远是被悬在空中。有时真有心空如大海、爱都无法给予的感觉。回想起来，这样的生活都已三年了。想来，你这方面的感受也许不会太深，因为你每天都在忙碌中度过，每件事都要全身心的投入。我就不同了，表面看来，从早到晚，忙个不停，但那只是一种体力上的劳作，内心世界特别寂寞，每天只能在思念中度过……
>
> 打电话只说你不能回来，但从不说你什么时候回来，也不让我们去，你这不是活活折磨人吗？

像这样直抒胸臆，在她的信中并不多见。而我们这种分离的生活，后来又持续了三年。2004 年，在我博士行将毕业、工作联系到南通大学时，我感慨万千：窘迫的生活，我们整整过了十五年。十五年的艰难、十五年的奋争、十五年的挣扎、十五年的悲欢离合，十五年，欠了我们一笔血债。……岩已经长大，我的学业也快要完成。而她得到了什么，她变老了，为了自己生命中这两个男人将青春作为代价。她默默地承受着生活的艰辛和分离的苦楚，这是中国女性美好的优秀品格。而我能报答的，只是带她住到这长江边，不离不弃！

我给妻儿的信中是绝然不敢提及生活的艰苦的，我活在一个忧愁的精神世界里，便把相思苦恋化作风雨寄给她。比如 2000 年 4 月 10 日我写的第 31 封信：

昨晚那一阵风六七级之大，吹得今日遍地凄清，寒凉难当。就像秋去冬来那样的满目惨淡，秋思之愁，却也在这融融春日生发。一霞，害得我背井离乡，做什么游子、流浪儿。偌大的年龄了，还在求学，不能照看你和孩子。以后的路还不知该怎么走？找不到工作，空有对你一片爱心，怎么养这个家？

前路黑茫茫一片，重任繁难，却怎么也抑制不了那愁思，排遣不掉那烦忧。别笑我儿女情长，我已讨厌流浪、漂泊……

昨晚又梦中见你，你侧着身从我身旁走过，秀发也飘扬，却没正眼看我。你是我的爱人、我的甜风，你能把这苦雨吹香吗？……当我从理想中跌回现实，我们依然相爱、依然贫穷、依然分居……天高路远，何时能回风的怀抱？

11. 陶园二号

2001年9月，我从南园十八舍搬进陶园二号107室，开始读博士。

陶园，听起来非常诱人的名字，地处南园的东南，这里新砌了两幢宿舍楼，第一批入住的是2001级博士生，陶园一号住女生，二号住男生。两楼中间是南大的大学生活动中心，每到周末都有舞会，异常地吵人。

9月7日，我回到南大重新报到注册，搬东西至陶园二号，宿管员在名册上查了半天，也没查到“王育红”这个人。跑到研究生院询问，才知道我被安排在了陶园一号女生宿舍。再去校产科，调到了陶园二号107室，和中文系的张时民、计算机系的刘骏同住。张时民住了半年，就在校外租房住，刘骏住了一年出国了，剩我一人独居一室，惹得左邻右舍好生羡慕。

入学后的第二天，我开始查找资料，用七八天时间写成论文《论〈水浒传〉的结构艺术特色》，而那些与我同时入学的同学正在忙着熟悉环境、欣赏风景。

读博士的三年，最值得忆念的，就是我在导师徐有富教授的指导下撰写博士论文《唐五代宫词研究》。从论文选题、搜集资料、结构安排、修改定稿，直到答辩诸环节，无不凝聚着先生的心血。因此，获得了中文系当年的优秀博士论文，还奖励了1000元。恩师之恩情，我是要专门撰文说的。另一件事就是书里乾坤。

在南园的后三年里，买书成了一种感情的需要，晚饭后，一般都要和同学结伴逛书店，对面宿舍的何新所、李俊标最是和我常去。何新所是委培的，对打折不怎么计较，而李俊标和我一样，是统招的，砍价最凶，我们几个只有他买书最多。我们很爱惜书，所买的都给包了书皮，李俊标则还要忙着写跋语。

南京大大小小的书店我们都常拜访，长三角图书市场、先锋书店、万象书店以及朝天宫、杨公井、凤凰台、品雨斋、荷园、学人等古旧书店，如今都成了美好的回忆。那些书店的老板每见我们这些穷博士来了，也比较客气。

一见到好书，我就会产生买的冲动。零零碎碎、隔三岔五地买，到博士毕业时粗略算了一下，书钱居然花了一万五千多元。这钱，都是省吃俭用省出来的。上了博士，学校每月发 288 元。2002 年 5 月，南大百年校庆，给统招的博士生每人每月加了 100 元，再有三次奖学金所得的 4000 元，都让我买书花掉了。我是从自己的口里掘出来钱去买书，有时买得太多了以至于不到月底就没饭可吃，断顿了，因此，又常常恼恨于书。

南园周围的先锋等书店有时举办促销活动，一旦有新书半价出售时，我们这些博士就疯了，不辞辛苦、汗流浃背地排着长队去买。而更多的时候，虽然书店打折，很诱人，但仍买不起，不买又觉得很吃亏，常常是长吁短叹、肝肠寸断。有一次，去了长三角，那儿仅有一套《北史》，打八折，本想隔一段时间以七折价再买，也怪自己多嘴，回来后说了出去，第二天却被一个同学买走了。这多是吃了没钱的亏。炎热的夏天，走在街上，天像是在下火一般，我们买书去，是为省那几元钱的路费。

在搜集论文资料时，丘良任先生的《历代宫词纪事》一书是必不可少而又买不到的，于是寄了书钱 98 元、邮费 25 元给暨南大学出版社，书回来后没多久，却看到朝天宫书店在卖，仅 25 元，才知我邮购的那本多花了 100 元，好不伤心。还有那套《唐诗汇评》，原价 120 元，我七五折买的，后来这书只卖 40 元，我为多花的 50 元难过了好几天。我时时在想，什么时候有钱了，我不再吝惜书钱……

穷人买书，甘苦自知。买书、读书中，我在陶园二号过了三年。

12. 又见黄梅雨　回首一伤神

2004 年 5 月 12 日晨六时，我 25 万字的博士论文《唐五代宫词研究》定稿，27 日答辩，我的导师很满意。6 月 2 日晚，导师和师母为我和同门的吕斌饯行。20 日，南大研究生毕业典礼，我身着博士学位服，走上主席台，领到了六年辛苦的果实。那时候，南京的梅雨季节又来到了，淅淅沥沥，窗外的雨下个不停……

记忆的闸门要关上了，我的南园，永远在我心里的南园，那是可以写一部书的。回首一伤神，艰难求学之路，“痛久疑忘味，心伤谏果回”，居然这般地回味无穷。风雨六载春秋，深受名师教导熏陶，铸就我的坚强，更有人品的收获。永远忘不了给予我帮助的人们，2001 年，开始写硕士论文时，陈雅老师把她家的计算机借给我，让我搬回宿舍用，后来竟不要了。这台计算机，一直伴我写完博士论文，至今我还倍加珍惜。陈老师对我的好，我将专文讲述。

恩师引领我进入学术的境界，更以光辉的人格感染于我，这笔财富，我将无以回报。谨以我博士论文的后记权作南园生活的终结：

本课题是程千帆先生在世时提出的，我的导师徐有富先生交付于我，所以，做起来多了一份沉重。搜集罗织材料，不胜繁芜，头绪纷乱，才觉不自量力。一番辛劳，写就本篇，既不如释重负，还更惴惴不安，常恐挂一漏万，抑或漏洞百出，辜负先生的希望。聊以自慰的是用功而作，期不负苦心一片。

我最初对宫词的认识也很淡薄，抑或有本文所说的猎奇、好奇心理。经过一番耕耘，约1300首宫词，从主题内容到艺术形式，无不堪描堪画，反映的社会问题是其最大成就。在领略宫词艺术的同时，我和诗人一起为他们那个时代的宫廷妇女而悲哀，即使组诗中宫女们的宫中乐事，也是苦中之乐；她们日积月累、年复一年的幽禁、寂寞，我无法想象，我看到的是一个个鲜活的灵魂在哭泣……我意识到程先生选题的灼见，感谢导师徐老师把这个题目给我做。

徐老师指导我完成学业，我所发表的八篇论文都经他的指教；毕业论文的框架结构、文章写法，以及初稿的一字一句的修改，以至成文定稿，无不凝聚着老师的心血。师从徐老师，他学风的严谨、治学的方法以及做人的道理，将使我终生受益，而做一个堂堂正正的人。师恩难忘，感激之情，兹记于此，以志不忘。

同时受教于本系古典文献学、古代文学诸位老师，所获颇丰，一并感谢。

信息管理系陈雅老师，六年里于我帮助颇多，尤其借我计算机用，省去笔墨增删之繁劳，使本文顺利完成，这里表示衷心感谢。

光阴六载，风飞雨散；落花时节，更伤流年。

飞散不去——六年来在南大的所知、所获、所感、所想……

我完成六年学业的同时，儿子也将完成他六年的小学学业。这六年，寒妻一霞，茹苦含辛，母子相依为命……我们的一切艰难行将过去！

育红 2004 年 5 月志于南园

南园，我生命的驿站。

南园，永远的南园。

翻阅南园杂记，恍在梦中……

我的两次“冤狱”与“平反”

徐乃为

在读书期间，我曾经领受两次“蒙冤”，又两次“平反”，这对当今的青年、大中学生说来，显然是极为陌生与好奇的。

第一次在中学。偏僻的农村中学的“文革”运动，不比城市，不比大学。一开始即是对历史上有“政治”问题与剥削阶级出身老师的冲击，嗣后便酝酿对“资产阶级教育路线”下“修正主义黑苗”学生的“横扫”，我校的第一个学生对象即是我——因为，几个上述受冲击教师的共同罪状之一，即是对富农子女我的特别垂顾。“山雨欲来风满楼”，我即刻离开学校，回乡种地去了。因此，我是当年在籍高中生中极为罕见的没有参加“文革”饕餮大餐——“革命大串联”的人，时在 1966 年冬，高一，十七岁。幸好，最高当局的用意在“走资本主义道路的当权派”，把当时针对非当权派的做法认定为“走资派”用“挑动群众斗群众”以使自己蒙混过关的“阴谋”，因此斗“黑苗”的计划终未实行。在通知我去学校领毕业证书时，团支部书记把整理好的一叠“黑材料”还给了我，这是我的第一次非正式“平反”。

第二次在大学。事情发生于“文革”后期与高考的整个过程。1977年恢复高考，全公社（即乡）数以千计（本人所在大队初试者120余考生，当时每公社办多所高中，名曰“社高”，多年累积，考生极多）考生中上线只两人，本人即两年后考上本校前身——南通师专的一少年。然而，“招生办”到生产大队书记处做我的政审材料时，大队书记说，不久前他还“站台子（指被批斗）”，我们全大队的人都上大学也轮不到他，这就是我七七年高考的经历。

这位书记说的“不久前”，系指1975年5月13日，我结婚后的第十二天。其时，张春桥、姚文元分别撰文《论对资产阶级的全面专政》与《论林彪反党集团的社会基础》，全国各地闻风响应，我被认定为“全面专政的对象”，押上用三层桌子搭成的高台，接受全公社社员大会的批斗，震耳欲聋的口号是“打倒反党反社会主义分子——徐乃为”。其中两条“罪状”最狠：一、我曾给自己取号为“霄泉居士”，并取自己的破房为“霄泉斋”。曾有“朋友”问何意，我深知文革前就已盛行的文字狱的厉害，自知名号的“不妥”之处。然而，年轻人的表现欲还是让我不无骄矜却犹犹豫豫着说出，“霄”，九霄之上，神所居；“泉”，九泉之下，鬼所居……此说在不知不觉中传开了。于是，批斗者引申道：此人自视神鬼，不居人世，极端仇视社会主义现实，极端仇视“文化大革命”的大好形势，是贫下中农的死敌……二、在我日记《元宵节下雨感怀》一诗中摘下“恨无神力扫云霾，急令月华照九州”等，上纲批判道，他把社会主义的晴朗天空说成乌云满天，他的“扫云霾”就是剥削阶级的“复辟”、“变天”！——我可是富农子女身份呀！何其“严密”的逻辑推理，可谓句句“击中要害”，真是百口莫辩！其实，名号斋号，不过是附庸历史上栖息林泉者的风雅。诗句的本意是白天劳累，晚上天何吝啬，竟不予赏月而有拂心怀，如此而已。当时盛传，我这样的情形至少得判刑十五年。我在惶惶不可终日中等待厄运的到来！……打雷下雨时想，不如天雷劈于我；生病时想，情愿癌症生于我！这便是我当时的真实心态。

因此，那次1977年冬天举行的高考，我虽然考上而未能去成。

接着便进入1978年，思想进一步解放，在总结1977年高考的得失时，普遍反映1977年的政审工作颇受“文革”“左风”的影响，相当一部分高分考生挡在大学门外，中央毅然作出“政审材料”必须与考生见面的决定。我县特命一宣传部副部长专审77年高分落榜者我的一大叠材料。该副部长的结论大意说：该生日记、诗词中流露的只是“怀才不遇”、“生不逢时”的情绪，不能视为“反党反社会主义”，有些还可理解为忧时念国，积极用世，下次高考，不能拦阻。说实在的，我那种地的十余年，确实是极其积极努力的，我一直因剥削阶级出身而深深负罪，以拼命的劳动赎罪，竭力以自己的知识服务于生产队，因出色的表现而成为生产队“学毛选辅导员”，并跻身大队中心学习组，甚至几乎作为“可教育好子女”而推荐为“工农兵”大学生，但是，出身的先天不足，是经受不住任何风吹草动的。

77年高考因人数太多，时间很紧，当时是各省出卷的。几个月后便举行78年的全国统考，我省最低取分线是300分（边远省只是200多分），我418分，当时县招生办指导培训公社招生办上榜生填志愿时说，像合丰公社的徐乃为是可以填北大、复旦的……经我与“文革”前上大学而深为两地分居所苦的哥哥的反复商量，说还是上师范学院吧，毕业后回家，于是便填了南京师范学院中文系。

1979或1980年，当时各级政府正处理“文革”遗留问题。妻子从老家来信，说当时公社党委派人找到她，说：“你男人的材料（指1975年批斗我的材料，被抄去的日记诗稿等），是仍然放在这里，——还是烧了？”此问极富意味。“放在这里”有“秋后算帐”的弦外之音，担惊受怕而心有余悸的妻子不容片时思考，连忙说“烧了”。此人随即甩了一句：“那你告诉他一下。”这便是我在大学里收到的妻子家信的“平反通知”！而结果，我零零落落的十年日记，自己整理的诗集，就剩下“恨无神力扫云霾，急令月华照九州”两句！

四年后，回到家乡，作教师进修学校的教师、教导主任、副校长，才知道后来做过教育局局长的那位宣传部副部长专审我材料一事。

我的经历算是曲折的，却是幸运的，不幸者如“文革”殉道者遇罗克。假如我的人生遭遇除了否定极“左”以外还有一点意义的话，那就是，一个社会人是渺小的，他是那样的依附于社会。于是，在向学生讲自己的经历时，阐述人生之所以依附于时代、依附于国家、依附于百姓的素朴的道理，勉励学生只有把自己的抱负理想与时代、国家、百姓的前途同一，方能实现自我。

2007 年秋

房 子

王树林

庄稼人最看重的是土地和房子。解放后土地入了公，房子就成了他们一生中重大的心事。我刚记事时，老家有三间堂屋，两间西屋，是我老爷爷盖的。爷爷、奶奶去世早，就我父亲一个儿子，老爷爷由我父母奉养。那时家里很穷，春天常揭不开锅。母亲很孝顺，家里的白面，好的饭菜都是留给老爷爷，她舍不得吃，孩子也不让吃。老爷爷另做的馍饭常舍不得吃完，背着母亲留下一些给我和弟弟。我家从老爷爷到我父亲，已三世单传，到我这一辈连续我和弟弟，到六十年代初，我又有小弟弟，三个男孩，老爷爷特别高兴，也特别疼爱我们。

听老爷爷讲，老家的五间房子是日本人走后盖的。日本人烧了原来的老院，爷爷也因日本人的殴打恐吓生病去世。老爷爷苦心劳力，在亲邻的帮助下，建起了这座院子。老爷爷常讲他建房时的情形，每每说起，总带着无限的感慨，也充满成就感。

解放后这里做过合作社的牛屋，还不断有外姓人住在这。直到六十年代初，才又成了我们自己的家。经过大跃进、合作化、人民公社，大伙房合了又分，人穷的没饭吃，没衣穿，我奶奶和一个姑姑就是在这些年头饿死的。折腾了十多年，这几间老屋也因长年失修而破败不堪了。

我五六岁时，家里分了亩把自留地，虽然大部分土地在生产队，但这亩把地却成了补贴家里温饱的依靠。老爷爷七十多岁啦，身子骨还硬朗，他常常背着我刚一岁的小弟弟到地里去，看着重孙子，还干些力所能及的活。每年自留地的麦子都长的很好，打下的麦秆，用来修补老屋的上盖。不二年，老屋不漏雨了，沤糟的盖草都换上了新的。我父母都是生产队的干部，整天为集体操劳，很少回家。每当大风暴雨，院子需要收拾，房子需要护理，父亲偏偏要到队里去，老爷爷一急，就常常骂人。有一次，大风把堂屋上的麦草掀破了一角，老爷爷实在气得捺不住火。吃饭时，父亲回来啦，他指着父亲就骂："你说你整天瞎忙的啥？我看你一辈子也干不成一件像样的事。我死啦，你送葬还有个哭的地方，到明（以后）我死后，房子塌啦，你连个趴窝的地方也没有。就你这瞎折腾，一辈子也盖不起个房子。"骂急啦，父亲就顶两句，多数是父亲苦着脸，不吭声。他能说什么呢，眼下就是这样子，面对着老人，理亏啊！

好景不长，1965年搞"四清"，父亲成了审查对象。紧接着文化大革命开始啦，割资本主义尾巴，亩把自留地也收走了。城里红卫兵造反，打架打到乡里，社会越来越乱。我的两个妹妹相继出世，家里人口多，劳力少，队里靠工分吃饭，分的粮食不够吃，还要往外拿缺粮款，每年年终决算，母亲就要大病一场。年久失修的老堂屋更加残破了，后墙裂了个大缝，不是梁下打个木桩，上盖就要塌下来啦。老爷爷身体越来越差，他躺在西屋的草床上，望着风雨飘摇的老屋，常常自言自语地叹息："这是个啥世道啊！"

1973年的春天，老堂屋再也不堪风雨的吹打，父母亲下决心把老屋扒掉，自己建新房。老爷爷躺在床上和父亲盘算着，老房子的梁檩还可用，家里有几棵树，再添一些椽子，木料不需花啥钱。下房的老砖可以打墙基，封檐封山需买些新的，唯有房子上盖的红瓦需要一笔钱，家里本不宽余，买瓦的钱哪里出呢？老爷爷唉声叹气："房子不是好盖的啊！"父亲安慰他，让他别担心，到时自有办法。

老房子的土墙垫了房基，父亲干了一天生产队的活，夜里还要带着我和弟弟到东南河拉打墙土。亲戚邻居都来帮忙，累死累活一春天，四间堂屋的围墙总算打起来啦。房瓦直到这年的秋末，东凑西凑、又借了些钱才买来。

新房建成了，这年冬天，首先将我老爷爷的床移到新堂屋的西间。春节过的很清苦，但全家很高兴，从我记事起，那是过得最快乐的一个年。除夕这天，老爷爷让我父亲将珍藏起来的祖先的两个神主请到堂屋当门后墙放着的条几上，摆上供，上了香。初一这天，一到冬天就卧床不起的老爷爷也起了床，吃饺子、放鞭炮后，老人给神主磕了头，坐在供桌傍的椅子上。我父母给祖先扣了头，又给老爷爷拜年。我带着两个弟弟也先拜祖先神位，再给老爷爷磕头。老爷爷露出了很少见到的微笑，他深情地看看父亲，又看看我们兄弟，皱纹重重的眼角湿啦！

1977年是让历史永远难忘的一年。继上年10月一举粉碎“四人帮”后，结束了为期10年的“文化大革命”。这年7月，党的十届三中全会在北京举行，全会通过恢复了邓小平领导职务。8、9月间，全国高校招生工作会议在北京召开，会议决定废除“文化大革命”以来的推荐上大学，恢复高校招生统一考试、择优录取的制度。大弟弟是应届高中毕业生，我虽然高中毕业了五年，也可参加大学招生考试。国家有了希望，家庭也有了希望。这年10月，89岁的老爷爷离开了人世。父亲是在自己操建的房子里把老人家送走的。这年末，我和弟弟都参加了高考，同时考上了大学。老爷爷好像有预知，不然，何以走时那样安详？

80年代中，老院里又盖了东西配房和大门。1997年，我在城里新建了独院的两层小楼。1998年，大弟弟也在城里建了自己的两层楼房。小弟要结婚，将老院给了他，我们又在前院给父母盖了三间大瓦房，拉了院墙，建了大门。2000年，小弟见老院里的房子破旧了，干脆全部扒掉，重新设计，盖了明三暗五的二层楼和配房。2001年我调到外地工作，知道父亲早年操劳过度，坐下哮喘的病根，母亲身体也需要照顾，便与弟弟商量，决定给两位老人在城里选一处离大弟较近的社区，买一套有暖气的住处。2005年，终于在丰源小区买到了一套三室两厅、设施功能齐全、又处在底层楼的住房，不仅冬天有暖气，冬夏都供热水。大弟给房子添置了家具，过年时，把父母接进了新房。

今年过年特别高兴。我从南通赶回家，小妹也从三门峡回来啦。兄妹五家，聚集在丰源小区新装的房子里，围坐在父母身边，谈论着国家的事，家里的事，自个的事。说到房子，父亲眼里闪着幸福的泪花，对我们说："孩子们啊，爹这一辈子不如你们啊！爹不是不努力，是你们赶上了好世道！"

2009 年春节

红校徽的辉煌

张祝平

一年一度的教师节要到了，我又想起了红校徽。听我的老师说，五六十年代戴红校徽是很风光的，特别是戴名牌大学校徽的人，走在街上常会引来尊敬的目光，比扛着上校军衔的牌子还吃香。

我入大学读研已是除“四害”十年以后的事了，但我也确实感受到了戴红校徽的辉煌。当我在校园中看到那些穿浅灰色中山装，戴着银质红校徽，拄着拐杖的蔼然长者，心中总会由衷地涌起一种神圣与景仰的感觉。那时，即使是大学里的勤杂工，戴着红校徽，在社会上找对象，也常常得到姑娘们的垂青，甚至还发生过社会青年混入学校澡堂，偷了老师的红校徽，戴着它到社会上招摇撞骗之事。

最使我难忘的还是在沪上读硕研时的一件事，当时社会上的人常不辨研究生的橙色校徽与教师的深红色校徽的区别，常将研究生当成了教师。同舍老李的一位中学时的同学拿到自学考试的文凭并就要结婚，到学校来邀请老李参加他的婚礼，看到我戴着橙红校徽，非得要我和老李一起参加不可。临走时，还再三叫我们不要忘了戴校徽。婚宴上，当我俩戴着红校徽走向新郎、新娘表示祝贺时，听到旁边的人们在叽叽喳喳说，新郎的朋友是大学教师，派头蛮大的。听到我说："今天是你洞房花烛，喜结连理的日子，向你祝贺。"新郎那种异常亢奋的眼神，使我至今难忘，那眼神显露出一种炫耀和得意，仿佛在向女方的亲友们显示其"谈笑有鸿儒，往来无白丁"似的。我们向新郎告别时，新郎不仅坚决不要我们送的礼，还再三感谢我们为他搭了台型，挣足了面子。我们也感觉到红校徽使我们风光。

今天，街上几乎看不到戴红校徽的人了，倒不是因为戴它麻烦，主要是它不再辉煌，但据说它还有戴了小偷不愿光临的作用。一次在上海车站，听到一对时髦男女用鄙夷不屑的口吻嘲笑一位戴红校徽的人说"像个真的一样，啥人把他当根葱呀"时，我心中不由掠过一阵凄凉，我想那人可能也是为出门防小偷而戴的吧。哎，红校徽呀，何时你才能走出寒碜，再现你昔日的辉煌。

附记：此文写于一块砖头砸了三个"老总"的年代，2008年又记：现在教师地位待遇有所提高，红校徽似乎又吃香了，真有三十年河东、三十年河西之叹。

青春之歌

丁富生

一个人，走在 30 年前的中学校园，数着脚下的石板路，时间就在脚下慢慢流逝，我们追逐，越走越远。

曾经的青涩想法，曾经的年少轻狂，曾经的豪情壮志，都在踏上工作岗位后慢慢改变，慢慢隐去。有时候很惶恐，是不是有一天，当我们在繁花似锦的年代垂垂老去，我们的心才能真正释怀，才会找个角落，静静地沉淀一切，过滤浮尘。

岁月载着青春梦想缓缓前行，我看着窗外一片广袤的原野，耳边，是秋风低幽的呻吟。那片空寂的原野啊，仿佛掌心纵横交错的愁绪，绵延不绝，有一个声音，在听不到的远方撕裂般疼痛。我们可不可以不忧伤，我们可不可以回到青春年少。穿着青春的鞋子，我们逃离，可是走多远，都永远无法逃离岁月的追逐。在喧哗的成长中，我们隐藏疼痛，在末梢少年的眉角。

好多次一个人徜徉在河边，看夕阳西下，余晖撒落湖面的静谧。春慵恰似春塘水，一片縠纹愁。溶溶泄泄，东风无力，欲说还休。什么时候，我才能看到酣酣日脚紫烟浮，不再执著于梦想与现实的差别；什么时候，我才能留心那醉人花色，不再奔波于希望与绝望的罅隙，无声啜泣。

看着身边形形色色的人走过，一样的步履匆匆，我试着看他们的眼睛，想要探访他们心中的秘密，可是每个人的目光都仿佛隔着一层水雾，是我的眼睛永远潮湿，还是大家的心里都太过深邃，让阳光迷失了方向。

我看着大家一路走来，眼神迷离，行色匆匆，奔赴远方。远方，到底有多远，我们还要不要等待。也许，我们的一生就是旅程，什么时候走不动了，停下来了，我们也就带着完成或正在完成的使命安然入睡，离开，不留痕迹。这是悲哀吗？这是旅程的宿命吗？为什么我们还要苦苦思索，为什么我们还要百转千回，走不出绕结的迷宫。桃花帘外东风软，桃花帘内晨妆懒，花开花谢，痛苦坦然，转眼一瞬，心灯相传，我们要怎么办？梦中韶华，竟白头。

想起一个故事，有一条小狗问妈妈，幸福在哪里？狗妈妈说："幸福就在你的尾巴上。"于是小狗一直绕着自己的尾巴转圈圈，可是就是找不到自己的幸福，它苦恼地告诉了妈妈，妈妈说："幸福就在你的尾巴上，只要你一直往前跑，幸福就会一路相随。"只要你一直往前跑，幸福就会一路相随。那我的幸福呢？它会一路陪伴我吗？泪流满面，我们依旧迎风而走……

一遍遍地数着来时的路，相似的石板路里，藏有多少不相识的梦境；不相识的石板路里，又有多少似曾相识的生活与忧伤，凄美与感伤。我们一同走过，走过无忧的青葱岁月；走过铅华喧嚣的繁华边缘；走过心里最明媚的午后阳光。暮春了，花落知多少。

沿着这条路，我还在追逐。即使生活再苦涩，也不要忘了天空的颜色。幸福之路，它就在远方……

我的放牛生涯

许富宏

给本科生上课时，经常讲《诗经》中的《君子于役》一篇。对其中“日之夕矣，羊牛下来”一句，我总是先提问学生：“为什么说羊牛下来”，而不是“牛羊下来”？

待学生支支吾吾之后，我总是很自豪地说：因为羊不吃带露水的草，天色将晚，草变软而带露，羊就不吃了，而牛吃。所以，羊先归圈，牛后回家。我结合诗意解释说：不仅如此，羊和牛归圈之间有一段时间间隔的。羊牛下来，不是写一幅羊在前牛在后的农村晚归图景，而是写两幅图景。一幅是太阳刚落山时，思妇在村口看到羊归的场景；一幅是太阳完全落山后，夜色降临，思妇在村口又看到牛归的场景。在羊归和牛归之间，这位思妇一直站在路口，等待君子的归来。此时这位村妇，站在村口，心里在想：羊亦回来了，现在牛也回来了，可是君子还是没有回来！“羊牛”二字这样排序，既符合农村的实际生活场景，又写出以时间的延长来写思念的绵长以及思君不得的失望与感伤。

我能这样讲，得益于我长达十五年的放牛生涯。

我放的第一头牛，是生产队分给我们家的。在我六岁的时候，村子里就实现了大包干。生产队把田都分给各家各户了，耕牛也按亲戚关系几家共享一头。我家和二叔、三叔家共分一头耕牛。在同辈的兄弟姊妹当中，我是最年长的男孩子，放牛的任务自然就落在我头上。这是头牯牛，性情暴野，村子里原来就叫它二牯牛。二牯牛耕田的时候力气很大，是犁田耙地的好把手。但是桀骜不驯，一般人很难降服他。第一次我把牛绳背在肩上，向纤夫拉船一样死死地揪着牛绳往路上拖，它就是不上路，我用牛鞭子甩它，它也不理我。它自己找草吃，我没办法，只好跟着它。等它吃饱的时候，我看到它身上有很多苍蝇，我就替它赶。这样十天半月过后，我和牛就成了好朋友，它就很听我的话了。

放二牯牛变成了一件轻松的事。那时的山还没有划归林场，山坡也都没有被开荒，都长满了草。草长得很长，能没到牛肚子。牛耕完田，就在田的周围吃草，它们只吃嫩的草头，要不到两小时就能吃饱。牛有草吃，也不乱跑。我们几个小放牛娃在一起玩石子。傍晚的时候，大人扛着犁和耙，我们则骑在牛背上回家，我们或骑或站，尽享牧牛的快乐。

记得有一次，晚上村子里放电影《少林寺》，我看了电影后，在家比划着李连杰的武打动作，兴奋得一晚上没睡好觉。第二天早上，我拉着二牯牛出去时，瞌睡来了，我趴在二牯牛的背上，二牯牛一边吃一边走，不知什么时候，我被一晃一晃地颠睡着了。直到上午十点多，被一个东西打了一下才醒来。原来是二牯牛的尾巴来回地打我。我一看，原来前面就是下坡路，二牯牛知道我睡着了，怕下坡把我摔下来，所以不走了，并用尾巴把我打醒。老人们常说“牛通人性”，我就是从这次的事中体验到的。

上初中的时候，我家单独买了条牛。这是头母牛，长得很丑，头很小，眼睛凸了出来，像两个铜铃似的，两个角向下趴着，不如第一个公牛那样威武雄壮，我们叫它趴趴角。趴趴角性格温顺，赶它很是省心。不过，它有一个长得壮硕的儿子，这个小家伙很淘气，放它着实得费些精力。

放趴趴角时已经感到困难了。所谓靠山吃山，农民将很多荒山开垦出来种上粮食和经济作物。部分有树的山都划归林场，林场为了赚钱把草烧掉种上树。当时提出“绿化荒山”的口号，林场都栽了一种三片松针的国外松，山头、山脚到处都是这种国外松。这种国外松生长迅速，很快就枝叶茂盛，将阳光遮住了。这样树根周围的草都死了，很快树根周围都是沙石子。原来草里面的雉鸡、山雀、狐狸、兔子、蛇等动物也日渐稀少了。由于草越来越少了，牛只能啃草皮，而我们放牛的地点也就离家越来越远了。

一个夏天的早晨，我在远离村子的一个叫狼山坳子的地方放牛。狼山坳子原来有狼窝，一般人不敢开荒，平时也很少有人来，因而这里的草比较好。到狼山坳子放牛，得赶早。大约早上五点的时候，我就赶着趴趴角和小牛犊子到了狼山坳子了。趴趴角开始还静静地吃着，突然不吃了，把头抬起来很紧张地望着我后面，我转身一看，天哪！两只狼！在距离我大约二十米的一条小路上，一前一后有两只狼！前面一只是灰色的母狼，后面跟着一个小狼。我下意识地举起了放牛棍，转身躲到趴趴角的侧面，让牛把我挡了起来。趴趴角充满敌意，把头顶对准狼，眼睛充血，做好了防守的准备，虽然它想把头顶的角对着狼，但是角是趴着的，只能朝上，并不对着狼，我很紧张，怕牛角不管用，吓不住狼。那狼看到我们，也停了下来，看了看后面的小狼。恰在这时，对面山上传来一阵吆喝牛的声音，有别的人也朝这个方向过来了。狼也听到了声音，低头向前走了，进入对面山林里面，一溜烟似的跑了！我吓得浑身发抖。后来，我听说我这次见到狼也是我们那儿最后一次见到狼了。

不知不觉我就上高中了。因学校离家有四十多里地，不得不住校了。那时没有考大学的意识，假期也没有什么补习班，所以在暑假期间，还是要在家放牛。这时的牛就更难放了。山里有了好几家石厂，开山炸石卖。周边几个乡镇的水泥厂，也都靠我们那儿山上的石头。滁州铜矿还建立了矿山基地。山上几乎没有草了，放牛只能在田埂上放，实际上即使连田埂上的草，牛也不敢吃了。因为水稻的收成几乎全靠农药保着。给秧苗打农药，免不了就会打到草上。更关键的是，牛是靠吃稻草过冬的。稻草中的农药过多，牛会中毒的。可不打农药，水稻的收成就上不去。一年四季，放牛真是头疼问题了。于是牛的数量也在渐渐减少，大家都开始使用手扶拖拉机。但是拖拉机耕田不深，且对田埂的要求很高，田埂要硬、要宽。但是我们那里基本是不规则的梯田，手扶拖拉机的使用很受限制。牛没草吃，田就没法耕，大多数青壮年都出外打工去了，农村使用耕牛也越来越少了。我儿时的放牛时光，竟成为我女儿作文中憧憬的梦想！

像所有的农村孩子一样，我的童年是在牛背上度过的。我伴着牛鞭声逐渐长大，也在阵阵的牛鞭声中明白了许多的道理。牛虽然是畜生，可是我家的牛不仅为我家耕田，还在它下坡的时候考虑背上的小主人。反观现实中的一些人，在别人遇到下坡的时候却往往猛推一把，即使在平路上，也在前面挖一个坑，希望并设计让你摔跟头，真是连畜生也不如。而林场提出的绿化本没有错，可一旦和赚钱联系起来，环境就遭到了破坏，这不得不让人想到，我们的有些想法本身是不错的，可一旦实施起来往往起到相反的效果。这些年来，我们的物质生活是越来越好了，但是却和牛一样连稻草都不敢吃了，不敢轻易吃下哪怕是我们最常吃的东西。我家的小牛吃了趴趴角的奶长得高大，而现在的小孩喝了牛奶不是头大，就是肾大。难道我们终将走进一个连畜生都不如的时代吗？老子说：“是以圣人处无为之事，行不言之教。”庄子亦曰：“天地与我并生，万物与我为一。”如果我们不从轴心时代的教导中得到警醒，人类终将迷失在现代化的烟尘之中。

现在，我还想回家拍拍牛的背，可是村子里早已经没有牛了。我不知道，再过三五十年会不会还有人知道牛比羊回家得晚的原因。如果大家都不知道“羊牛下来”先后顺序，而由此带来的美的感受也就不存在了，那将会是多么遗憾的事！

乡村系列（二篇）

许富宏

三虎子娶亲

“二号，三千。”老八喊。

“多大?”三虎子问。

“二十四。还有一个四岁小孩，老小带子。”老八说。

“小孩带不带把子?”

“不带把子。”

“两千八。”三虎子喊。三虎子觉得这个价还差不多。老八买的那个十八岁也才花了一千八，镇上二傻子买了个二十八岁的只花了一千四。老八是独眼龙，二傻子是二百五，我就是年纪大一点。那女的要是单身，出三千还值。现在还带个丫头，两千八，出的已经不少了。

“不行，三千。不能少。”

“两千八，看人算了。还不知道能不能养得住。”

“不会跑的。这个是自愿的。三千，有没有人要?”老八提高了嗓音。

“两千九，我要。”角落里传出一个沉重的男音。三虎子循声音一看，是个五十多岁的男人。不认识是哪个村的。“不知道，能不能为我生一个伢子?”那个男的又补充一句。

人群中发出一阵哄笑，“那得看你的本事了。”有人说。

“三千，再问一句。哪个要?”

“我要”，老男人大声搭腔。老八走过去，看了看他，“你太老了，不能卖。”

“人家给钱不就行了么?，反正你也是卖，多赚点不好?”有人嘀咕。

“我做生意也是有规矩的。”老八说，“我这生意说难听点的是带人出来卖，实际也是撮合姻缘。她们那里穷，经我们转手，她们的生活就大大改善了。如果瞎卖，下次谁还跟你走?再说了，卖的不好，女的好跑，不也是麻烦吗?”

“我再加八十，怎么样?”毕竟自己都三十八岁了，三虎子狠了狠心。老八看了看，没有人愿出更高的价了，“那好吧，成交。看人。”

三虎子跟着老八来到后屋。门口有两个胖妇女把门，老八说:“就她们。”三虎子进到屋子里，看见一对母女坐在床沿上，那女的不像二十四岁，窄脸，黑瘦黑瘦的，眼睛深陷，头发黄卷着，就像床上的稻草。她用破旧的衣角包着一个小女孩，那小女孩的眼睛睁得大大的，眼里充满恐惧。三虎子一见这母女俩，心里一酸，他蹲下身子，从衣兜里拿出一包大白兔奶糖，递给小女孩，“吃吧！”

“就他出的价”，老八指了指三虎子。“他家条件相当不错，家里就是老娘和妹妹。五间瓦房，还有一台电视。”老八点了一根烟，继续说：“我给你找了一个好家，好好跟他过日子吧！”

三虎子看一眼那女的，那女的也正在看他，脸上飞起了红晕。三虎子说：“别怕，明天我就接你和伢子回家，我会好好待你的。”

三虎子交了五百块定金。老八说：“这事就定了。这次算你运气。我们这次到云南，也就只带回来四个，她是我老婆家里的一个村里的，家里实在太穷了。我们不想要带孩子的，可是她听我老婆说我们这好，就跟着我们过来了。她是因为穷才跑出来的，你家条件不错，但最好能留住她的心，她就不会跑了。如果乖的话就不用铁链子拴了，不听话就拴，跑就打。等生了伢子后就乖了。如果跑掉的话，我们不负责的。”

三虎子高高兴兴回到家，一家人都十分高兴。老娘听了连说：“好，好。两千八，不贵，不贵！”妹妹也十分快活，总是追问：“嫂子漂不漂亮？”三虎子回她：“看把你高兴的，不要你换亲了。以后，问婆家要两千八给我，不然，瞧我饶不了你！”一家人说说笑笑，赶紧布置家具，打扫卫生。村子里也听说三虎子买到了媳妇，大家都很高兴，都来帮忙。

第二天一大早，三虎子家里炸了馓子、粑粑，桌子上摆好了茶点，有红糕、芝麻糖、花生酥等，准备了枣香槟，窗子上已贴上红双喜。早晨的阳光照在夏日的窗户上，格外显得热闹、喜庆。

大约九点，村后传来了拖拉机的声音，大家知道，新娘子来了。老生产队长在村口放起了鞭炮。老八在前，新娘母女俩在中间，身后跟着两位胖妇女。新娘和孩子被带到后房锁了起来。老八和两位胖妇女才入席，收了帐，吃饭，带上喜糖开着拖拉机走了。

村子里的人都来看热闹，嚷嚷要看新娘子，三虎子一直笑着接待大家。直到晚上，才带着老娘，在妹妹的陪伴下，来看老婆。原来妹妹已经帮嫂子换了新衣裳，头也梳洗了。新娘子长长的头发从脸颊一侧垂下来，湿湿的，散发出淡淡的洗发香波的味道，平添了几分女人的妩媚。三虎子满心欢喜。老娘对新媳妇说：

“孩子，你到我家来，不会亏了你的。听说你们那儿穷，我家还是能让你过好日子的。我家三虎子原来是穷，娶不上媳妇。这几年家里情况好了，可是年龄也大了，就耽误了。现在你不嫌弃他，是他修来的福分。这里有八百块，给你的。”说完，老太太从怀里掏出一个包，放开层层手帕，把钱送到媳妇面前。

“不要。”新媳妇不知所措。

“这是规矩。压柜的钱。你虽然不是明媒正娶，我家也不能亏了你！”妹妹帮着把钱拿过去，放在嫂子大红的枕头下。

“嫂子，钱在这，你过日子要用的。以后，我家就你做主了。”

三虎子把小女孩抱了起来，亲了亲，说：“叫大。”一家人在说着闲话。见夜已深了，就让妹妹晚上好好陪陪嫂子，自己回房睡觉去了。

夏天很快就过去了，转眼就到了秋天。新学期开始了，三虎子找到老婆：“伢子要上学呢，我送她上幼儿园吧！”

“不”，那女的回答。

“镇上就有幼儿园，我骑摩托车带你去看看。”三虎子说，“人家伢子都在上幼儿园，我家伢子咋不上？”老婆同意先去看看。三虎子骑摩托车带着老婆到了镇上。九月一号，三虎子送女儿上学了。妹妹做了小姑妈，很称职，给小侄女买了新衣服。这天晚上，老婆找到三虎子，与他圆了房。

一年后，媳妇给三虎子生了个儿子，取名二伢子。姐姐也升格做了大伢子。

一天，媳妇正在给二伢子喂奶，村子里开来了一辆警车。有人赶紧给在地里干活的三虎子报信，说公安局止在打击拐卖妇女的活动，老八已经被抓起来了，三虎子买卖妇女，犯法了，让他赶紧跑。三虎子马上想到老婆可能被公安局带走，放下锄头跑回家。到家时，邻居告诉他，他老婆已经被带走了，并叫三虎子到镇派出所自首。三虎子跑到镇派出所要人，也被关了起来。经过审查，三虎子老婆表示自己完全自愿，老生产队长又给作了证，现在前夫也已经去世，就放了他们夫妻。

三虎子老婆在派出所听说前夫是在找自己的途中遇到车祸而去世，不由得落下泪来。在回家三天后，带着二伢子就失踪了。三虎子带着大伢子到处找，找到老八家，老八老婆也被公安局抓起来了，其他从云南那边买过来的女人也都躲起来了。省城的火车站也没有看见，三虎子怀疑老婆回了云南，可自己也不知道老婆家在云南哪里，只好带着大伢子回家。

老婆走后，三虎子和大伢子在家天天等。有人就说，“三虎子，你老婆怕是不回来了，你到云南找找吧。”也有人建议：“三虎子，你老婆恐怕是跟别人跑了，她走了，怎么也不对你说一声？”还有的人说：“三虎子，你老婆把她带的丫头丢给你，把你儿子带走了，她怕是要把你儿子卖掉呢？带把子好卖的很呢！”听着各种各样的议论，三虎子总是笑笑。

时间一天一天的过去了，春去冬来，转眼到了第二年的腊月，快过年的时候，三虎子上集回来，一进家门就看见一大家人。“老婆回来了！”三虎子有点不相信自己，真的，家里还有几个陌生的人。老婆一见三虎子，就过来抱住三虎子，眼泪就流下来了。

三虎子后来才知道，原来老婆回到了老家，这一年多在老家照顾前夫家里的婆婆。这样的要求实在有点过分，所以老婆不敢把实话告诉三虎子就一个人走了。因为儿子太小，离不开妈，所以才把儿子带走的。一年以来，前夫家里的婆婆受到儿子去世的打击，一病不起，前不久就去世了。在安葬了前夫家的婆婆后，才带着自己家里的父母和弟弟举家来到安徽，以后再不回云南了，三虎子大喜。从此，两家人合并为一家人，一起过着幸福的日子。

五哥放羊

在本科毕业后，我到乡下中学教过一年的书。“五哥放羊”是发生在同事五哥身上的一个典故。

那一年秋季刚开学，按学校的规定，老教师要听我第一单元的课，搞得我很紧张，每天很使劲地备课，不知什么原因前几天都没有老师来听。到了周五上午，我正庆幸可能躲过一劫时，终于来了一位高三语文老师，很认真地听我讲，那是我工作以来第一个听我上课的，弄得我很紧张。我讲刘白羽的《长江三峡》，课后，我虚心地向他求教，他拍了拍我的肩说：“谢谢你！”我莫名其妙，他“谢”我干啥？我还没反应过来，他就匆匆走了。

中午放学后，我端着饭碗，到隔壁晋老师家，边吃边问有关五哥的事。五哥，姓王。安徽师大中文系毕业，中等身材，比较瘦。五哥家里很穷，弟兄七个，五哥排行第五。今年已经三十岁了，老教师都喊他“王老五”，我们年轻的都喊他“五哥”。五哥教高三语文，是把关教师，所带班级语文高考平均分多次在县里排前三名，老师、学生都喜欢他。

邻近我们学校的是一所小学，那一年刚好分配来了一位小学女教师。姓羊。小羊老师皮肤很白，看人的时候总是习惯地用手把刘海往耳朵上一梳，很女性的样子。一个月以后，五哥知道了，约我一起去打探打探。五哥一看见小羊老师，非常喜欢她，当晚就写了一封八页纸的信，先是大谈自己的坎坷的人生经历，接着又谈对人生的看法，抒发自己的理想，结尾表示自己很爱她。女孩被五哥的才气打动了，两人恋爱了。于是，每天吃过晚饭，五哥都拉着小羊的手，一起散步。小羊老师很温顺，跟着五哥到处逛，就像小男孩拉着一只小羊。我们都开玩笑地说："五哥，放羊啦!"五哥很高兴，满足地笑笑。

五哥兄弟五个，家里很穷。小羊老师的父母对五哥的家庭很不满意，就不愿意这桩婚事。女方家没有公开拒绝，而是把条件讲的很高。比如在县城买套三室一厅的房子，家电一应俱全，外加一辆摩托车。如果是借债办的，借账不认。不满足条件，就不同意婚事。这个条件，五哥是根本达不到的。五哥很伤心，我们都帮他出主意，有人建议："五哥，你得学大灰狼，把她放倒，把生米煮成熟饭，看她家答不答应?"于是一下课，大家都催五哥说："五哥，放羊了没有？你得快点啊!"五哥只是笑笑。

转眼到了十一月份，研究生考试报名开始了。我到市教育局报名，遇到了五哥。原来五哥是来参加市高考表彰大会的。五哥连续三年获得"先进教育工作者"称号。回校的时候，我和五哥坐一辆车。当五哥得知我已经报考研究生时，脸色顿时灰暗了下来。我问五哥想不想考，他说也想考，只是他家靠他挣钱，四个哥哥相继结婚，底下还有两个弟弟还未成家。他得工作挣钱养家。最后，我问他：

“那天，你听了我的课后，为什么说要谢谢我？”

他顿了顿说：“那是因为你的课讲得好！”

原来，在我来之前，五哥是唯一一位本科学历的语文教师，五哥一直想调到县城一中，县城一中待遇要比乡下学校高很多，不仅工资能按时发放，还可以自己带几个学生，这样五哥就可以大大减轻他的家庭负担。那边也一直要他，可学校就是不放。前几年也有本科学历的教师，都找门路调走了。我是继他之后，学校现有第二个本科学历的语文老师，只要我课上得好，他就有接班的了，让我做高三把关教师，他就可以调县城了。所以他听了我的课，觉得我完全可以接他的班，所以才说了“谢谢”的话。现在，我要考研，一旦我走了，他想调动又没希望了，而他家又穷，今年到现在又有三个月的工资拖欠，镇里还要老师捐工资修路，吃饭都成问题，哪还有钱去送礼？只能凭自己出色的工作作为调动的筹码。我感到很难过，我不能为五哥解忧，可是我也得为我自己打算，谁愿意在农村的中学里呆呢？

镇长的侄子负责看滁河大闸。这家伙，初中没毕业，但有一堆满胸脯的肌肉，满脸络腮胡子，一百多斤的滁河大闸一下子就能摇起来，在1991年发大水时立过功。当时听说洪峰就要下来，大闸长期不用，生锈了，没人能拉得起来。这家伙，两个膀子一较劲，大闸就起来了，洪峰顺利通过。从此以后，他就成了镇里正式在编的干部。有一次他到学校操场打篮球，楞把水泥做的乒乓球台面给掀翻到地上，然后又在大家的鼓动下给搬了上去，翻了个身。不巧，小羊老师刚好路过，被他看到了。后来，小羊老师就在父母的压迫下嫁给了镇长的侄子了。

这个事情对五哥打击很大。五哥愤愤地说："我堂堂一个本科，却抵不上一个大老粗！"老教师们说："王老五，你以为本科是什么？狗屁！本科能买到三室一厅吗？本科能换来一个当镇长的叔叔吗？本科能把乒乓球台子翻个身吗？"我们也都骂五哥没用："五哥，叫你放羊你不放，这下羊跑了，你活该！"

转过年，我考上了研究生走了。后来，五哥的学生大学毕业当了县长的秘书，五哥终于调到了城里。

妈妈啊妈妈

赵　薇

十月底的一天，气温突然降低，我照例去妈妈家吃午饭。

到了家后，觉得气氛有点怪，妈妈没有像往常一样在厨房里忙前忙后，而是静静地坐在桌边，脸色苍白，没什么精神。看到这情景，我的心猛然一紧，因为五年前，妈妈也是在这个季节突发心肌梗塞，幸运的是，由于抢救及时，恢复得较好。从那以后，遇到气温骤降，我就担心她的心脏，总是叮嘱她多加衣服，不要外出。于是我本能地问她是不是心脏不舒服。

妈妈连忙说："没什么，我刚刚还测了血压、心跳，都挺正常的。"

"你要是哪里不舒服，一定要说出来，千万别因为怕麻烦我去医院而瞒着。"

"怎么会呢？我一直坚持吃药，今天心脏不难受。"

"你妈还是腿疼，"爸爸在旁边解释，"大概是因为天气阴冷吧!”

妈妈的左腿从年初开始疼的，这期间看了好多回病，也咨询了不少专家，说是关节蜕变、积水，吃药、打针、推拿、牵引，可以想到的治疗办法都用上了，就是不见什么明显效果。医生说了，年纪大的人缺钙，都会遇上这毛病。想想爸爸的话也有几分道理，可我还是觉得他们有什么瞒着我，可能就是俗话说的“母女连心”的缘故。

隔了两天再去看妈妈，我发现她走路很困难，准确地讲，她已经无法正常走路，而是一点一点地往前挪，特别是上下楼梯时，每移动一阶，都咬紧了牙，紧紧抓住扶手，靠双手的力量带动身体移动，速度非常慢，而且走几节楼梯就要停下来歇片刻。我很吃惊，更加担心，为何腿疼的毛病一下子加重了许多？妈妈还是不肯说。我因为焦虑而有些生气了，这时妈妈才故作轻松地说：“我星期六摔了一跤，不过现在已经好多了!”

后来，爸爸告诉我，妈妈周末去买菜时，在新村里被一辆电瓶车撞倒了，因为当时觉得摔得不严重，就支撑着回到家，没想到这几天越来越疼，但怕我过分担心，所以一直不让爸爸告诉我。一听说这，我赶快联系骨科医生，然后带着妈妈去医院。检查的结果是这次摔跤加重了髋关节的错位和蜕变，治疗的办法是要么更换人工髋关节，要么不外出，减少走动以维持现状。这个结果让妈妈难以接受，因为她是家里的顶梁柱，家里大大小小的事都是妈妈包下来的，既主内又主外，爸爸几乎是什么都不需要去干，除了读书看报。况且还有九十多岁的外婆等着妈妈每周去探望。妈妈觉得一旦自己病倒了，整个家里就要乱套。对此，我和爸爸都没她那么发愁。家务活现在可由我和爸爸分担，等到妈妈开刀时，可请保姆或钟点工。爸爸认为她现在有充分的理由利用开刀前的几个月好好调养身体，正好从繁忙而琐碎的社会工作中抽身而出。至于外婆，我可以两三周探望一次，况且还有舅舅、阿姨。

于是，爸爸去超市采购，我负责到菜场买菜，妈妈只需料理一些简单的事务。几天下来，我就有点怕去菜场了，除了费时间外，还要费心思挑选品种、和人砍价，这才体会到往日吃到嘴里的可口饭菜背后凝结了妈妈多少心思与辛劳。后来，我的公公婆婆看我工作辛苦，主动提出帮妈妈买菜，我只需隔三差五地将买好的菜送到妈妈家就行了，这样就解决了我的大难题，顿时轻松了许多。可每次送菜回去，妈妈还是会用十分痛惜的眼光看着我说："又买了这么多，拿不动吧，快点坐下来歇会儿。"虽然现在的饭桌要比以前单调许多，但家中的生活可以正常运转下去，就这点已让我和爸爸安心了。可是妈妈的情绪并不见好转，我猜还是在担心病情与手术。

一个月之后的一个周末，妈妈的好友顾阿姨特意从无锡赶来探望她，妈妈颇感惊喜，拖着伤腿忙前忙后。趁着她张罗饭菜的功夫，顾阿姨讲起了我从未听说过的往事："当年上学的时候，你妈妈年龄比我小，可她特别爱照顾人，每天第一个起床，帮我打好洗脸水，还要帮我梳辫子，就怕我来不及……”顾阿姨还悄悄告诉我，妈妈生病之后向她哭诉，担心自己再也不能像一个正常人一样来照料我们的生活，害怕拖累了我们。听了这话，我当时鼻子一酸，泪水已快溢出眼眶，伤心、自责：我总以为她的不快由于过分担心自己的病情，偶尔还会埋怨她杞人忧天、不愿接受现实。其实生病以来，她最担心的还是家人的情况。为了不让哀伤的情绪影响我，她宁可将不快压在心底，也不向我吐露丝毫原因。我甚至痛恨自己这一个月以来情感上的麻木：为什么自己心安理得地享受了三十年的无私的母爱之后，却依旧无法猜透妈妈的心事，理解妈妈的苦心，还好意思说什么“母女连心”？

许多以前对妈妈的误解也在这一刻找到了答案：五年前，八十六岁高龄的外婆摔断了大腿，妈妈听说后，立刻赶了过去，又是联系医生，又是联系车子，想尽办法请来最好的专家，给外婆实施了微创手术。可手术的风险很大，一是因为外婆年事已高，二是因为她有严重的心脏病，术中和术后稍有闪失，都会发生不测。虽然已请了护工，可妈妈还是不放心，她全然不顾自己已经六十多岁，从外婆进手术室那一刻起，就一直在医院，整整陪了三夜。白天在家也只睡几个小时就起来给外婆准备食物，既要营养可口，又要便于没有牙齿的外婆吞咽，很费精力。这期间妈妈也不肯让我去替换她，因为担心我晚上陪夜睡不好觉，会影响第二天上课。到了第四天妈妈实在支撑不住了，幸亏我爱人是学医的，判断她可能是心肌梗塞，立刻请来自己的老师进行抢救，总算将妈妈从死亡线上拉了回来。头几天夜里，我在医院整夜睡不着，病房里人多声杂，还不时有护士来巡视，往往是刚有睡意又被惊醒，主要还是担心妈妈，只要有力气靠在床边，我的眼睛必然盯着心电监护仪，实在坐不动了，躺在床上，耳朵却还仔细地分辨着监护仪的声音，稍有改变，就立刻坐起看看，就怕妈妈的心跳、血压出现问题。那些日子，我天天是学校医院两头跑，都顾不上回家，也因而深深体验到妈妈陪伴外婆的身心憔悴。

妈妈住了一个月的院，我也陪了整整一个月。白天上课，晚上陪夜，有时还要把备课、科研和作业批改的事情带到医院做。每次到了医院，妈妈总是用心疼而又略带歉疚的眼神看着我，总是不肯让我多干活，一个劲地叫我坐下来休息。当时我对她除了忧虑之外还有些埋怨，我不理解外婆有三个子女，还请了护工，为什么妈妈要独自守夜，以致于差点搭上自己的生命。可妈妈却说，从听说外婆摔断腿的那一刻起，她心里只有一个念头，那就是要想尽一切办法延长外婆的生命。舅舅还在工作，是不可能叫他熬夜的，而对于护工是不可能苛求他整夜不睡、紧盯着心电监护仪的，因此只有她挑起陪夜的重担。

后来，妈妈身体恢复了，她又渐渐将医生的要多卧床休息的吩咐忘得一干二净，还是三天两头地跑去照顾外婆……

我一直觉得妈妈不懂享受生活，总是日夜操劳、辛苦奔波，而且非常固执，不肯听别人的劝。而今我才意识到妈妈向来是把亲人的幸福放在第一位的，很少考虑自己。家人的幸福就是自己最大的幸福，这才是妈妈的生活原则。

过了年，妈妈就要住院做手术了，我祝妈妈手术成功，早日恢复健康！

2008 年 12 月 28 日记

我的国色，我的天香

王志清

认识小丁，我一直以为是乃瑜冥冥中的安排！否则，我怎么能够在茫茫人海里一眼就看准了她？这似乎巧验了张爱玲的那句名言：于千万人之中遇见你所遇见的人，于千万年之中，时间的无涯的荒野里，没有早一步，也没有晚一步，刚巧赶上了，那也没有别的话可说，惟有轻轻地问一声："噢，你也在这里吗？"

我认定乃瑜，也是一次性的。偶然的一次创作会议，让我们顿生出可以"私定终身"的好感，便终于排解了重重阻力，结为伉俪。乃瑜走后，我跌入绝望的深渊。差一点儿被塌顶之灾击倒的我，被悲哀折磨着，被孤独噬咬着。我深刻地感到了寂寞无主和孤独无助。

乃瑜走后不久，我就经常要招架"说客"的"开导"，同事的、领导的、亲友的。一个偶然的机会，我也是出于礼貌，出席了我平生第一回的"约会"。呵，小丁，我眼前一亮，仿佛梦中见过。是众里寻他千百度而后的惊喜。我在不久后的《赠小丁》诗里写道：

历经人祸树愈秀，飘逸风神时未秋。
玉立婷婷兰为性，大方落落瑾在袖。
娇秾恰适新著雨，窈窕最宜好侣俦。
感动才听江城子，关关让我唱雎鸠。

就这一次见面，便让我们铁了执手偕老的心。我相信前世的缘分。很多的人生机遇，一生一世也只有一次。人生不像实验室的实验可以反复无数次，或者还可以根据某种条件来予以试验，因此，人生最大的悲哀，莫过于错过。真实的人生，缘分也往往会轻易错过的。或者说，在巧遇时，你却无动于衷，那双充满期待的手已经放在了你掌中，你却没有握住。因此，我更坚信，这是乃瑜冥冥中的指点。

然而，执手小丁，我要承受多大的社会压力唷。背后的蜚短流长，比我想象的要多。有一个还是与我比较要好的诗人朋友也不能理解我，简直就是斥责我说：你这个人真不够意思！也难怪，在公众的眼里，我与乃瑜的感情太好了。实骨子里，我们的感情也真的太深了。乃瑜走后我天天以泪洗面，仅仅花了一个月的时间，就写出了一本《神啊神——生命痛感之札记》来祭奠。后来，有一位领导读了这本《神啊神》之后，非常诚恳而委婉地对小丁说：我担心他能否从感情里拔出来。言下之意是，他能否也爱你？真心地爱你？

我能够自拔了吗？既然小丁那么优秀，我为何不抓住机遇？等到日后有一天猛然幡悟，原来没有比她更好的，而她，却早已离我而远去也。如果不想错过，就只有该把握住的时候好好把握。用那些真心待我的亲友们常用来为我洗脑筋的一句话就是：乃瑜总不希望你活得不好吧。

我挑战世俗，选择了一个我们以为比较恰当的时机公开我们的关系。这是一个高规格的婚宴，地方上各阶层的场面上的人大都到场，在众目睽睽之下，我虽然也有几分腼腆，但更多的是一种炫耀和自信。我要让人们见证，我的新生活已经开始。真没有想到我竟然如此“老脸厚皮”的。我与乃瑜恋爱五年，直到结婚时，都很少外出同行，在大院里的邻居面前一直都显得羞羞答答的不自在。

其实，执手小丁，这并不意味着我淡薄了对乃瑜的感情。在我的心目中，还是永远的乃瑜。我对乃瑜永远怀有由衷的感恩之心。2004 年，我在北京“中古文学研讨会”上，因提及乃瑜对我的支持，发言几次哽咽而中断；2006 年，我在香港领奖，应大会要求自选一首诗来朗诵，我在朗诵《找你，在那片油菜花地》时而纵横老泪；2006 年，我获得了文学大奖，采访的记者问我此时此刻最想说什么？我说：如果要我说真话，我最想说：谢谢乃瑜。后来，我在我的每一部新书的后记里，2007 年，2008 年，都要写到我对乃瑜的感激之情。我写乃瑜，小丁没有丝毫醋意。小丁的大度是女性中所极少见的。她每年都与我一起去祭扫，去超市专挑好水果好茶点，拼成七八样。她对乃瑜的养母比我还要体贴，比对她自己的老娘还要亲近。老太与小丁也很谈得来，有一些话不与我直说反而与小丁说。我的儿子，也人前人后说我没有她好。十分庆幸，不幸中又得万幸，我《缘》诗又即兴而出：

瑶琴乍碎弦才崩，噩噩茕茕逆旅中。
忽有转机来意外，当乃夙世起因同。
偷得苏子才三寸，赢取锦云韵万重。
老去幸承孟光助，西窗落照耀眼红。

我的眼力太好了，我完全可以引以为骄傲。我在好多场合里说过，我一生最大的成功，就是赢得了两个优秀女性的真挚的爱。乃瑜是法官，小丁从事财务管理，工作的性质不同，都是某个方面的领导。有人开玩笑说我找对象专门找领导。甚至有人戏谑我是领导的领导。小丁心甘情愿地做我的“下手”（内助），每每开玩笑说：处级干部为你服务，你就是厅级哟。而有什么鸡毛蒜皮的事，也总是与我商量，借用“教授治校”的意思说什么：我们家是教授治家。

此二女性让我最值得骄傲的主要还不是她们工作上同样的优秀，而是她们的人品真没挑剔的，一样的善良宽厚，一样的勤劳俭朴，而且同样的善解人意。我有时一人独处的时候，真想从她们的身上找到一点什么缺点来，然而，我失败了。我真想不到竟是这样的完美。

小丁与乃瑜如出一辙。小丁与乃瑜不同的是，她爱我放在心上，也放在脸上。具体到生活上来吧，两人多善持家，包揽了家中几乎所有的吃喝拉撒的琐碎活儿，上要侍奉老人，下要教养后代，而让我连一双袜子都不需要去洗的养尊处优。

然而，二者待我也区别明显，譬如，我常有不大文明的口头禅出口，小丁听到后总会笑眯眯地说：噢，不像教授，像个拉蹋车的。小丁爱我，她连我的缺点也一起接受。乃瑜则不同，往往放在脸上的不高兴，有时竟为此“区区小事”而弄得长时间不愉快。

又譬如，在文字问题上。乃瑜常对我说：你的底气和特长是坐桌子。言外之意是，你要静心，要耐得寂寞，下得苦功。小丁却反复一句话：你还想做什么？意思是，你都是教授啦，文章这么多了，还要奔什么？其实，小丁与乃瑜都是一样的爱心，一样的爱我爱到至深。那时，我年轻，把精力无谓地消耗在没有必要消耗的地方了，乃瑜敦促我用功，是真心爱我；现在我已经是奔“六”的人了，早该“放下”了却依然放不下，小丁敦促我劳逸结合，也是真心爱我。小丁在家的时候我基本不会泡在写作中，而是让她拽着去散步，或者她陪着我去逛商场。

再譬如，我外出开会。乃瑜用一张纸条写好了应带上的衣物，让我自己配齐，而不丢三落四。小丁则不然，她会拉你去超市，应有尽有地挑吃的，然后把你的拉箱里样样东西装满，你还没有走出南通，便接到信息，以后不断地发来信息：“在外不要节约”；“要防止风寒，鼻炎不能复发”；“家中一切都好，老太身体很好”；……小丁特善解我意，我从小离不得家，出差总多牵挂。

我最大的满足是，有我牵挂的人牵挂着我。

我最大的幸福是，我至爱的人也是爱我至深的人。

我的幸福是超倍份的，一生中我获得了双份的爱，双倍的爱，这让不少人惊羡不已。熟悉我们的人都知道，我是喜新念旧。也时有与我接触不怎么多的人“逼”我对二夫人作出评价。

我也诚恳地作答：譬如国色，譬如天香。

如果用花来作比，一个偏于冷艳，一个偏于热丽；一个温婉可心，一个炽香袭人；一个沉着隽永，一个热扑洋溢。

啊，我的国色，我的天香。

2008年11月26日

第四编

留痕岁月

元旦短信乐

周建忠

今年元旦，与往年相比，有两个特点：一是放假三天，时间充裕；二是短信满天飞，个个手机内存告急。

一位共和国的部长 1 日说，昨天的短信真多真多。

一个同事 1 日说，昨晚单单回简要的短信就花了两个小时，弄得老眼昏花，吃不消。

一个扬州朋友倡议：鉴于金融危机，过年不再寄贺卡，改为发短信，提高效率，节约开支。

但遗憾的是，人们收到的大部分短信是：雷同、重复、复制、单调。

回顾 2008 年的，相当的多。既有北京成功举办奥运会的欣喜、神州载人飞船的成功发射的喜庆，也有 2008 年十大灾难的警示：大年雪灾、手足口病、西藏打砸抢事件、列车相撞、汶川大地震、洪水、溃坝事故、毒奶粉、金融危机、一系列矿难。——过于社会化，而且很沉重。

也有一些轻松的，比如徐州超君发来的短信是：新年是一种期盼，新年是一份祝愿，新年是一声问候，新年是一个起点。——只是过于浅表，深度不够。

也有一些有个性且有诗意的，比如兰州张兄在金门，发来一首诗：

身在金门千万里，旧雨新知喜相聚。
携手海外众学子，犹忆金城求学日。
百年基业启新程，乘风破浪会有时。
人生苦短难再百，不用扬鞭自奋蹄。

省厅夏诗人有《新年》之作：

东风盈瑞拂清浅，春草隐约犹寒眠。
梅看半开称绝佳，人祁团圆送旧年。

我是坚持短信原创的，近年来逢年过节自己写了不少短信，在圈内外小有影响。

譬如，我自开博以来，一直坚持原创。我口写我心，写自己关心的事情，抒发自己的感受，发表自己的看法，驰骋自己的才华。不管是新作，还是旧文，肯定是我写的，好的差的，成熟的半成品的，皆原汁原味。低一点称为“写字”或“码字”，高级的称为“创作”，我就取其中间段，称之为“写作”。

我以写作为生，为生命，独立的写作，淋漓的写作，忘我的写作，痛苦的写作，全部是自己的，这就是“原创”。因此，写作，是我生活的记录，是我人生的反思。写作，是我内心的抒发，也是我对社会的思考。写作，是我才情的体现，也是情绪的流动。写作，是我生命的历程，也是我历史的担当。

我坚持原创，也坚守原创，发给我短信的人自然多会想到这一点。

今年元旦，一个学生首先发来短信：

坚持短信原创：祝您节日过得舒心，来年过得开心。

又有两位同事发来相同的短信：

> 真正的生命，春天不艳，秋天不凋；
>
> 真正的情义，贵时不重，贫时不轻；
>
> 真正的快乐，节日不浓，平日不淡；
>
> 真正的祝福，情真意切，韵味悠长。

这是我以往发给他们的，他们觉得好，这一次又回给我。而且这条短信也不是我原创的，记得是东北岩妹发给我的。

而勤弟发给我的短信则令我吃惊：

> 元者，万象更新，一年之始；旦，一日之始，红彤彤的太阳从东方地平线冉冉升起；过节，则是我们美好心情的开始。哲学家昭示我们：太阳每年、每天、每时都是新的，太阳以丝丝缕缕的金线，让平凡狭窄的生活，变得恢弘开阔，充满生机与活力！与太阳对话，可以感受到光明、灿烂、丰富、多彩、温暖、亲切、向上、进取、清朗、无垠、憧憬、期待，有了虔诚而绚丽的心情，漫长的生命历程，变得庄严崇高，辉煌亮丽，我们也就拥有了大地、天空、世界与宇宙！

让我们共同分享元旦带来的快乐！（周建忠原创）

呵呵，这是我2007年元旦过节创作的，没想到他还保留着，好感动！

今年元旦真忙，我没空创作，就想了一个中西结合的幽默短信：

Happy 牛 Year（周建忠原创）

发出后，居然也得到一些赞扬。如智弟云：亦师亦友，牛己牛人。

但很快发现：是我的见识浅陋，因为也有人这样发给我，于是心虚，改为：

Happy 牛 Year（周建忠敬奉）

碰巧树林兄发来一首好诗：

西历不与中土同，元日尚值正隆冬。
争得折梅报春信，江城聊赠一枝红。

甚喜，末句“江城聊赠一枝红”，暗用南北朝陆凯折梅赠友的名句，其《赠范晔》云“折梅逢驿使，寄与陇头人.江南无所有，聊赠一枝春。”

进而我又觉得第二句“尚值”之“尚”与“正”略拗口，且诗意重复，则借用南宋僧志南《绝句》：“沾衣欲湿杏花雨，吹面不寒杨柳风。”将第二句改为“元日难觅杨柳风”：

西历不与中土同，元日难觅杨柳风。
争得折梅报春信，江城聊赠一枝红。

此诗一发出，即获得一些佳作唱和：

志清兄云：

中土西历求大同，贺语来如杨柳风。

无须折梅报春信，心心商量相印红。

辉明老兄云：

君我彼此两心同，敢令寒潮觅春风。

笑将飞雪迎春信，最爱无花不是红。

坤武老兄云：

西历不与中土同，缘何中土尽西风。

难得尚有折梅客，江城君子大道弘。

亚中兄云：

中西历法虽未同，辞旧迎新意相通。

腊月江南花不俏，报君唯有寸心红。

成满兄云：

北风吹茅犹著霜，江南莺飞春草长。

诗文本为通心意，不必费神较周章。

元旦恰逢晴天，天高云淡，阳光普照，一位同事发来：

愿今后的日子犹如今日的阳光，灿烂明媚，暖意融融！元旦快乐！鼠尾巴快乐。

原创真刺激！

写作，原本就是原创。作为把写作视为我生命和生活的重要组成部分的我，坚持原创，也坚守原创。

2009 年 1 月 2 日

买壶记

张祝平

我对紫砂茶壶感兴趣还是好多年前看到《扬子晚报》上的一篇文章开始，文章说是南京有位大学教授酷爱紫砂壶，被人称作“壶痴”。他收藏了不少好壶，但还不满足。一次他碰到一位木匠，看到木匠喝茶并往墨斗里倒水的茶壶竟然是他梦寐以求的明代宜兴制壶巨匠时大彬的壶。他知道虽然号称时大彬做的壶在公私藏品中有好几十把，但公认的真正的大彬壶也只有几把。他喜出望外，要那木匠把壶卖给他，木匠也看出来自己这壶是好东西，就狮口大开一万元。壶痴一时拿不出这钱，等他卖掉几把好壶凑足一万块钱去找那木匠时，却得知木匠一失手把壶给摔得粉碎。壶痴看到一大把壶之碎片捶首顿足，惋惜不已。

我看了这篇文章后，把我家的紫砂壶都找来，并对照书比对研究一番，竟然发现我家有一把民国制壶高手孟臣揀制，民国刻壶名家“三如”之一石如（名范泽林）刻的“小红袍”壶。那还是祖母97岁去世时，父亲在祖母碗橱最里边找到，带回来做纪念的，那还是祖父活着的时候开店进的货，至少有七十多年的历史了，绝对是真壶。一次母亲正要150块钱卖给收壶者，被我抢了下来。又看了一些书籍后，我觉得自己对紫砂壶已经有了相当了解。

一次我去淘古玩，经过马房角巷口，一位村妇蹲在那边，面前放着一把紫砂茶壶，我把壶拿起来一看是一把龙嘴大提梁壶，壶底刻着“时大彬制”字样，心头不禁一震，但我还是装出不太在意的口吻问道：“这是什么壶呀?”她操着泰兴那一带的口音说：“我也不知道什么壶。”我想，要问问来历：“你这壶从哪儿来的呀?”“家里要起房子，地方不够，国家又不给田，我们就并祖坟，在坟里挖到的。”我知道时大彬是明代的就再追问道：“坟墓是哪个朝代的呀?”“我也不懂，是我老公家的，说是有几百年了。”我不放心再试探一下，我指着“时大彬制”四个篆体字问她是什么字，她说：“我也不识字，不晓得是什么字。”我心想你别跟我装蒜，就拿出五十元钱问道：“钱上这字是什么?”她说“我晓得，这是五十块，我只认得钱。”我问她这壶多少钱，她说这是老货，老公说至少要卖六百元。这时有人走过来看，我怕壶被别人拿去，就把壶拿在手里，反复想着书上记载的大彬壶的特点对着看。

这壶嘴为龙嘴，据说时大彬之壶常为皇宫而制，有“宫中艳说大彬壶，海外竞求鸣远碟”之诗句，似乎像；大彬壶“砂质温润，色如猪肝，其盖虽不能翕起全壶，然以手拨之则不能动”，而这壶也是猪肝色，以手去拨壶盖纹丝不动，也很像；“大彬枝指，以柄上拇痕为标识”，果真在壶柄上有六指的痕迹，并刻有“法记”两小字，更像。

只不过这壶虽旧但壶却似乎从来都没用过，壶里一点茶垢都没有。但我又想可能把新壶作为陪葬品了，这是墓里挖出的，在坟里埋了几百年，当然没人敢用来喝茶了。她是泰兴那边的，现存扬州博物馆的1965年于扬州江都明代万历四十四年的墓葬中出土的“六方壶”，专家大多认为是时壶真品。泰兴靠近扬州，时大彬壶在苏北较多。再说一个村姑懂得啥时大彬、时大将的，她要是懂得时大彬还不开七千八千的价呀，看来她是真的不懂。这壶很可能就是大彬壶。即使不是大彬自己做的也极可能是他徒弟李仲芳、徐友泉做的。六百元，我想真便宜，但不能让她看出这是国宝，要狠杀价，就找了壶底有个小缺口的借口把价钱压到三百块。最后她说看你是个识货的，就卖给你吧。

拿着壶，我越想越高兴，我想壶痴花一万元买时大彬的壶还没买到，我偶遇村妇，花三百块就买到大彬壶，今天捡了个大漏。

我转到文庙文物摊前一看，那边也有一个村妇，面前竟然排了七八个跟我买的一模一样的大彬壶，我一下子傻了眼。愣了愣，赶紧跑到马房角去找村妇，哪还有人影呀。再回到文庙，问文庙村妇壶卖多少钱，她看着我手里的壶说：“卖六十块，你这个买了多少钱?”我连忙说“买了三十块。”我想让你们狗咬狗去。“她怎么卖那么便宜呀，进货还不止三十呢。”我想竟然还搞批发呢，再待下去心里更不是滋味，赶紧走人。

我扪心自问：是我捡漏心理作怪的结果吗？那么谁不想捡漏呢？别人为啥能捡到漏呢？是那村妇狡猾呢？还是我自作聪明呢？正所谓知识有时越多、思想有时越复杂也可能就越“反动”。

童年趣忆二则

张祝平

换 糖

小时候，在我家（南京宁夏路马鞍山）那一带，如果你问小孩子最盼望谁来，除了亲人外恐怕就是换糖的了。经常到我家一带换糖的人是癞痢头，头上有两块疤，所以大家叫他外号二癞痢。刚从苏北来换糖的时候，他用小扁担挑着前后两个筐，前筐放糖，后筐放着换来的废品，操着苏北口音，敲着糖盒盖子喊着："大糖饼子个公道糖，不吃就是个大外行，一换就是个尺把长，你不信回家拿尺量一量，保准一尺二寸长。破布头来烂棉花，废铜烂铁拿来换糖了。"看到有人来，他就把一块方木板放在筐子上，从筐里糖盒里倒出块麦芽糖饼，洒上很多滑石粉，拿一把刀切入糖饼，用一个小锤子"嗒、嗒、嗒"敲着刀背，切下一条糖来，换给人家。他的麦芽糖味道很鲜美，和商店里买的糖不同，还可拿在手里捏来捏去做出各种物件，比如做只猪然后再把猪吃掉，很好玩。孩子们既吃又玩真开心。他一般一两个礼拜来一次。后来他学会了吹笛子，一来就吹“少拉少拉多拉多，少多拉少米来米，米拉少米来多来，来少米来多拉多。”孩子们一听笛声，就会从屋里床下、犄角旮旯，找出早已准备好的报纸、杂志、头发、破布、烂棉花、废铜烂铁跑出去换糖。敲糖的“嗒、嗒、嗒”声，大呼小叫“加点、再加点”声（这可能是小孩最早学会讨价还价的开始，那时商店是不可能讨价和降价的），嘴里吃糖的、吮舔粘在手指上糖的“啧、啧”咋嘴声组成了混合交响乐。

来久了，二癞痢变得油腔滑调了。有一次，一群十三四岁的女孩来换糖，就听见女孩“咦怪哟，就这么点呀，快加点，加点哟”的叫声。嗒、嗒两下他从糖饼上敲下一小丝糖来给那女孩。一个脸蛋漂亮点的，他就加的多一点，顺便伸手在女孩脸上摸一把。女孩就会骂起来，其他女孩也齐声骂道：“癞痢扛洋枪，洋枪打老虎，老虎吃小孩，小孩抱公鸡，公鸡啄蜜蜂，蜜蜂叮癞痢。哈哈，你这个大癞痢。”（后来我才知道这是用了循环顶真手法的儿歌）但是骂归骂，下次二癞痢来时，她们还会来换糖，大多数女孩还是好吃的。

还有一次夏天中午，他在吹笛子，一个省委干部的老婆穿着短裤头就跑出来骂，怪他吵得别人不好午睡。那女人转身离去时，他一口痰吐在笛管里，一甩甩到十多米外那女人后背上，那女人还不知道。他接着唱起来：“少拉少拉多拉多，少多拉少米来米……小孩的妈妈不要哭，你儿子当兵去享福。你家省了二担粮，你可去买新衣裳。新衣裳，花衣裳，勾个男人当新郎，享不完的好时光。”唱完，一个甩手把前担换成后担，走了。

来久了，孩子们的家长也对他注意起来。尽管家长们不欢迎他来，并说他是癞痢头，吃他的糖不卫生，会被传染的，但孩子们还是喜欢他来换糖。我想可能不是他的麦芽糖做得有鲜味，而是孩子们需要一种好玩的气氛的缘故吧。他可能是最早教会这些孩子知道变废为宝的知识引领人。我亲眼见过一个三岁小孩从地上捡了一张废纸，怯生生地跑到他糖担前来换糖，那孩子似乎知道这纸头也能换糖，但他换不到是因为数量不够。于是有个小孩干脆趁他妈妈不在家，把他妈妈拿回家改的一大摞学生作文本捧来换了糖，急得他妈拍手跺脚地跳，只好自己掏钱赔学生的作文本，还要补学生前几篇的作文情况，那小孩当然除了吃了糖外，还尝到了他爸甩耳光的味道。还有的孩子为了换糖，家里没有废品，就去拔人家矿石收音机的屋外地线，烧了外边的塑料皮把里边的铜丝拿来换糖。最荒唐的是一个孩子竟把自家的抽水马桶里的浮水铜球给拔掉拿来换糖，结果家里水漫金山，不可收拾。

后来不见二癞痢来了。据居委会乌鸦嘴朱老太说，他被抓了，他后来不愿孩子们拿破布烂棉花来换糖，而是怂恿孩子去偷铜线和铜块来换糖，孩子们被教唆学会了盗窃。

爆米花

春节要到了，路边人行道上一个老汉正在爆米花，人们顶多看一眼就匆匆走过，不愿驻足。我却想，现在人咋的啦，春节前爆米花在我小时候可是最美的事呀。说它美，是能给人以美的感受，还可给人带来美妙的心情。爆米花和吃爆米花时，那可是声、香、形、色、味样样俱全，把人们的听觉、嗅觉、视觉、触觉、味觉全用上了，让人充满吓、喜、盼、羡、怄等各种感觉。

当孩子们还在自家玩耍时，“嘭”一声巨响，抬头一看，一缕白烟飘过，接着闻到一阵爆玉米花的香味，马上勾起了孩子的馋涎。他们知道爆米花的来了，那巨响和飘香就是他来的信号和广告，急忙向大人要了二毛钱，从家里米缸里舀了一勺米什么的，捧着饼干筒，拎着钢金锅直奔声响处而去。就是跑得再快，到那一看，前边由钢金锅子、饼干筒排成的队伍也有十几个了。赶紧排上，不一会儿就排了几十个人，左邻右居，前楼后楼，男孩女孩都到齐了。有几个女孩边等爆米花，边跳起猴皮筋，“七点半上学校，老师上课我睡觉，一个耳朵听，一个耳朵冒……”

那爆米花汉子戴着《智取威虎山》里的小炉匠的帽子，像是总指挥似的坐在那儿，一手摇着爆米锅，一手用铁签子拨弄着炭火，眼睛盯着压力表。不久只见他弓起身子站了起来。孩子们知道他要放炮了，跳猴皮筋的女孩们大呼小叫纷纷找个地方躲起来，几个男孩一边说着“我不怕，我才不怕呢”，一边赶忙躲起来。一会儿场上人都跑光了，就剩下钢金锅子和饼干筒的队伍了。只见他把胶皮袋的洞眼套在铁锅鼻子上，一手再将铁管子套在铁锅鼻子上抓住，一手抓住铁锅后的摇手，脚在锅上一踩，“嘭”的一声巨响，一阵白烟飘过，像神奇的魔术，从他那胶皮袋子里倒出一大堆白花花玉米花到筐里来，拿个铁签子伸进黑乎乎的生铁锅里捣几下，把剩下粘在锅内的有点焦的玉米花、年糕片再倒到筐里。这时孩子们又仿佛听他指挥似的从地下冒出的一般蜂拥而至，惊吓过后是惊喜，“哪家的呀?”那家的孩子很自豪地说“我家的”。一些男孩向他伸着手“沾点，给我沾点”（“给我吃点”），他小气地拿一个小茶缸兜了点玉米花给那些孩子手心里，还不忘说了句“你家年糕片爆好也要给我沾的哟。”

不一会儿，孩子们都津津有味吃起来。咔吱、咔吱，那是在吃玉米花的脆香；咯吱、咯吱，那是在吃年糕片（又叫它猫耳朵）的甜香；咕吱、咕吱，那是在吃黄豆的酥香。

有个孩子爆了好多，他怄人说：“我家爆了老多老多的，爆了玉米花、年糕片、炒米，还爆了黄豆，吃了就会放黄豆屁。”说着果然“噗”的一声放了个臭屁，孩子们夸张地说：“臭死了，臭死了。”咯、咯、咯笑着跑开了，随即响起了《大屁歌》：“大屁、大屁、惊动了大地，它经过了彼得堡，来到了意大利，意大利的人民拿起了武器，赶走了大屁，取得了胜利。”有一个从上海来走亲戚的小女孩抢着说：“不对，不对。我们上海是这么说的：谁放的臭屁，震动了大地，大地的人民拿起了武器，赶走了臭屁。臭屁钻过铁丝网，来到了意大利。意大利的国王正在看戏，闻到了臭屁，马上拉稀。”这小姑娘还挺较真。正在这时，“嘭”的一声巨响，那爆米锅放了震天的大屁，不过是有玉米花味道的香屁。孩子们先是一吓，接着哈、哈、哈，笑得很开心。

2009年1月24日写于五味斋

我喝咖啡的名气

周建忠

据说，习惯于熬夜的爬格者，总有一些嗜好，或茶，或烟，最为常见；也有很奇怪的，如有人喜欢抠耳朵，有人喜欢抓脚丫，有人喜欢抱只猫，有人喜欢“全封闭”地关在小房间里。我呢，亦未能免俗，喜欢喝咖啡。

第一次喝咖啡，是到人家作客。哇，好苦！看着别人慢条斯理地转动小勺，极有耐性地慢慢品尝，突然感觉到这是一种“高雅的受罪”。又好像记得有人说过，如将杯中的咖啡全部喝掉，就是傻帽。所以只喝了一半。但当晚写作，特感精神振奋，文思奔涌，于是改变了对咖啡的看法，有了暗暗神往之意。

很快我也有了一瓶咖啡。边喝边写，边写边喝——终于有一天发现，写作非“咖啡”不可。晚饭后第六感觉准时提醒我：喝一杯咖啡！效果好极了，提起笔来，感到视线清晰，成语奔涌而至；大纲细目，井然有序；秉笔直书，只感思维的翅膀高扬，常常是思在笔先，甚至“不假思索”，就会有妙悟独见涌出。大概是咖啡的“介入”，写作忽然不打草稿，一篇篇论文、一部部专著，都是一遍写成，记得曾创造过一个晚上写5000多字的“纪录”。

于是，家里就来了几个喝咖啡的。边喝边听我谈感受。但有一位前天上午来喝的，第二天直抱怨：“昨晚一夜没睡着！”足见这玩意儿不是好东西。而我似乎有天生的“防御”功能，喝了咖啡，只要想睡，随时便能睡着，最多两分钟即能进入梦乡。

渐渐地，我上瘾了！晚上不喝咖啡，就会哈欠不断，精力分散，无法写作。而品着苦中带涩的咖啡，感到可口、香醇，有一种陶醉感，有一种人生况味，有一种境界，即使不喝，在疲倦时打开瓶盖，放在鼻下嗅一嗅，就有一种愉悦、清逸的心境。——我曾想战胜自己，不天天喝，两三天喝一次，一星期喝一次，这使我这个不会抽烟的人，想到戒烟过程的痛苦，终于又说服自己，听凭自然吧！

渐渐地，我喝咖啡的“名气”也大了。不断有新老朋友慨然馈赠，他们均恐我有不接之虞。印象最深的是，南通市教科所羌以任所长让人捎来一瓶听装进口咖啡。其时我正在海门市挂职。揭开瓶盖，眼前一亮，原来还有一首小诗：“宝剑赠与壮士，咖啡送给老周；不负十年磨砺，自当更上层楼。”顿觉心头一热：知我者羌君也！进而决定，这瓶不喝，作为“珍品”收藏。时时品味，大有其趣。

很快，咖啡龄就有八年了，但从未进过咖啡馆、咖啡厅、咖啡店，对那咖啡色的餐具亦极不习惯，也没有边侃边喝的历史。只是用一只普通的铝勺，一只白瓷的茶杯，喝起来总是“速战速决”，似乎是我熬夜写作前必办的准备事项，喝完就算，往往是一种感觉，一种习惯！有一次乘飞机，空姐送饮料，有可口可乐、雪碧、矿泉水、咖啡。我无条件地选择了“咖啡”，谁知淡而无味，掺和水分太多，很不过瘾。这样常常安慰自己，自己喝的，浓浓的，原汁原味，在外面难以领略的。

我情钟咖啡，又自然天籁，不受羁绁，不失为一乐。但想到鲁迅的训诫：“哪有什么天才，不过是把别人喝咖啡的工夫用在工作上。”还是有些犹疑。

真没有想到，近十年来，西方文明中物质层面、技术层面的东西，包括餐饮业，肯德基、麦当劳、必胜客、星巴克，铺天盖地而来，迅不可挡，很快包围了我们的城市，渗透进我们的生活。“不是在咖啡馆里，就是在去咖啡馆的路上。”萨特等法国知识分子的当年写照，也在我们的国度里延续、再现、扩展。

咖啡，也分为两种走向，一是咖啡店名目繁多，星巴克、两岸、半岛、上岛、迪欧、名典……大街小巷，触目可见。二是适应“速溶”的时代需要，各种速溶咖啡，充斥于超市货架之上，走向寻常百姓之家。

我们，不知不觉地进入了咖啡时代。

1995 年 4 月初稿，2008 年 11 月 19 日修改

黑板的永恒

周建忠

这是一个老掉牙的话题。

也是一个传统与现代交替的话题。

前些时，在南京参加“首届中国大学教学论坛”，浙江大学校长杨卫在报告中提到一件事：他到美国普林斯顿大学访问，接待者一定要他在结束访问前看一看他们的教室。杨校长的介绍，我有两点印象很深：一是大学最好的建筑应该是教室，教室的窗口应该见到阳光；二是在现代化充分体现的多媒体投影——整幅、弧形、占据重要位置的背后，是四块巨大的黑板，并配有像手电筒一般粗的粉笔。

这使我想到一件事：去年我到一个学校去考察，校方介绍：为了推行现代教育技术与教育方法的改革，强制老师使用多媒体教学技术，将全校教室的黑板全部卸下，换之以投影幕布。真是矫枉过正啊。后来，受到师生的强烈反对，每个教室又恢复了黑板。如今是黑板与多媒体并行。

这是一个极端的例子。但近十年来我国教育行政部门对多媒体课件的提倡与推广，是非常强势的，导向也是明显的。如今仍然使用粉笔黑板，似乎就是落后保守的代名词，教学成果奖、精品课程、精品教材的评选，便可能会无缘。

悖论就是这样形成的：越是强势推行新的方式方法，人们越是怀念传统手段传统技艺的熟练与效力；越是全面推行一种模式，人们很快就发现千篇一律的弊端。

黑板，也是如此。通常我们讲教学几个要素：教室、教师、学生、教材、课程——教师在教室里利用教材实施教学，就是课程或“上课”。在教室里，除了教师学生，就是课桌、讲台、粉笔、黑板。黑板，以其特殊的底色、特殊的效果，有了师生沟通的主渠道。

黑板，是我们成长的投影，是我们成才的见证。

黑板，是我们教师展示自己才华的舞台，是我们传道授业解惑的凭借。

我教古代文学，既保持传统：利用粉笔在黑板上板书——繁体字、竖写，又尝试利用多媒体课件来加深理解、形象说明。或同时交互使用，或分阶段使用。

我坚信：只要学校存在，只要大学存在，只要教育存在，有些传统就永远不会消失：一是教师的面授，不可能完全被网络教育、远程教育所取代，网络教育、远程教育只能成为面授的补充；二是粉笔黑板不可能被多媒体课件完全取代，这些最基本的工具在完成教学任务方面，仍然担当重任，余韵不绝。

只有教师坚守讲台，手持粉笔，在黑板上指点江山、挥洒才华的时候，才有可能产生这样的效果，达到这样的境界：师生的互动、思想的流动、精神的提升、质量的提高。

2008 年 12 月 6 日

心 路

许富宏

"清晨我站在青青的草场，看到山鹰披着那霞光，像一片祥云飞过蓝天，为藏家儿女带来吉祥……"每当韩红唱起这首带有浓厚藏族风情的抒情歌曲时，总是能触动我的内心，我的思绪也像一片祥云，飞向遥远的十二年前……

那是 1997 年 8 月，我刚到南通师专报到时，就看到南通电视台播出一条新闻：根据党中央国务院第三次西藏工作座谈会确定的方针和江苏省对口援助拉萨的决定，南通要建一所西藏民族中学。我对政治十分敏感，觉得这是一件大事。我当时就想，中央和省里这么做的目的恐怕主要是培养藏族年轻一代对汉族的情感，对祖国的认同，同时也是给他们提供良好的教育。他们远离家乡，在气候、生活方式、语言交流等方面都会有障碍，那么，怎样做才能让年轻的藏族初一学生喜欢上南通呢？考虑到藏族的学生是在具有浓厚的藏传佛教的氛围中长大的，特别重视心灵的认同感，我想只有交心，需要在汉藏两族人民中间架设一座“心灵之桥”。铺设“心路”的计划就此萌芽。

实施“心路”计划，仅靠南通西藏民族中学的老师是远远不够的，因为师生之间年龄差距大，往往有代沟，学生一般都是比较怕老师，不敢对老师敞开心扉，但是和年纪差不多大的人容易谈得来，于是我首先想到了让南通的中学生与他们交朋友。但是我也是刚到南通，南通的中学生我一个也不认识，这事也就暂时搁下来了。到了月底，我被中文系任命为中文 971 班的班主任，这让我很高兴。让中文 971 班的学生去与藏中的学生一起结对成朋友，“心路”计划不就可以实现了吗？后来一想，这样做对双方都有很多好处：对藏族学生来说，我们的学生也是刚刚从高中上来，与藏族同学年纪相差不大，可以交朋友，陪他们说话，做游戏，缓解藏族学生远离家乡的孤独和思乡情绪。再说我们大学生的水平相对较高，中文系的学生语文成绩相对比较好，而藏族学生学汉语比较困难，刚好也可以给他们补补课，平时跟他们说说话，锻炼锻炼他们的口语，增加汉语交流的机会，提高汉语的水平。对我们来说，我们班的同学得到一个实习的很好的机会。因为我们是师范生，将来是当老师的。现在开始当小老师，了解学生心理，学会上课。这对提高自身的能力也大有帮助，也培养我们对藏族同胞的感情，同时也培养了大学生承担国家责任的使命感。如果做得好，藏中还可以成为南通师专的一个教学实践基地。这个想法绝对是“双赢”的结果。

我是说干就干的人，中文 97・1 班的新生入学教育结束后，我任命了班干部。在班干部的配备中，我任命卢亚清同学专门负责“心路”计划的实施事宜，并在班级谈了想法，得到全班同学的热烈响应，这时候已经是 9 月 20 号左右了。之后的某一天，我利用业余时间骑车到南通市北边高店路口的西藏民族中学，实地察看了一下学校的位置，公交路线以及校园环境等。当然，藏中不是让人随便进的，我只是在大门外透过围墙的缝隙观察了一番。回来后，我找到卢亚清，让她利用周末到藏中联系一下，把我们的意图说一下，看藏中愿不愿意合作，并跟她说好如何坐公交车去。卢亚清很积极，很快就去联系了，回来告诉我说藏中也非常愿意搞这样的一个活动。月底，我到了藏中，藏中的许振华副校长接待了我，并让学生处的纪卫东老师负责和我协商活动的具体事宜。回来后，我将已经接触的情况和我的想法跟当时分管学生工作的徐型副书记回报，得到徐书记的肯定。10 月，我就带着 97·1 班到了藏中，这边我和纪老师商量活动的名称、实施办法等事，那边我们班的学生已与藏族学生玩在一起了。大家的积极性很高，见到藏族学生很新奇，而藏族学生一下子见到这么多的大哥哥、大姐姐，也显得很高兴。因为他们平时也不让出门，也不让上街，在校园里也闷得慌。看到我们的学生，都围拢上来。很快两边的学生都自己结对找好了朋友，在一起聊天。一个上午，活动还未制定好方案，我们的学生和藏中学生已经很熟了，到临走的时候，都依依不舍了。

由于开始没有商量好具体的活动方案，开始时的活动比较乱，也不系统。只是两边的学生一见面都好像分别了好久似的，一次活动结束都在等待着下次活动开始，尤其是藏中那边的学生对活动更是盼望。后来在和藏中协商下，活动名称确定是“手拉手爱心助教”。我们学生两个星期去一次，每次分若干个小组，有教认字的，有传授科学知识的，有讲故事的，有唱歌联欢的，还有做游戏或手工的，形式不一，但主要任务还是与在藏族学生交心。

转眼就到了1998年的元旦，中文系例行要举行迎新文艺晚会，我请来了藏中的师生参加文艺演出。记得那一年的演出是在现在的钟秀校区的体育馆里面，空间相当小，藏中的学生在老师的带领下，晚上七点就到了。由于节目的安排顺序比较靠后，他们只能在外面等。他们是穿好了藏族的演出服装来的，衣服都比较单薄，在外面的瑟瑟的寒风中等了很长时间，但是没有任何怨言，我知道他们也是用心在真诚回报我们。等到藏中学生一登场，他们跳起的藏族舞蹈一下子吸引了全场观众。有一位11岁的预科班学生，名字我记不清了，是个小个男生，音唱得很高，他一亮嗓子，立即引爆了全场。整个中文系的师生，都被他的歌声深深打动，台上台下形成了良好的互动，大家的心交融在一起，此时我看到了一条无形的路像洁白的哈达正延伸在汉藏两族青年人的心中！

1998年6月，“手拉手”助教活动已进行一个学年了，两校的学生进行了总结联欢。为了表示感谢，他们向我敬献了哈达。在总结表演结束时，当时的中文系辅导员朱小娟老师提议继续在暑期开展社会实践活动。暑期社会实践的任务由交心转向了辅导文化课学习。双方商定了计划，中文系不再仅仅限于97·1班的学生了，而是在全系范围内让学生自愿报名参加“爱心助教”活动，全系有137名同学报名，几乎所有的中文系学生都想参与。由于名额有限，只确定了12名同学参加，召集人为卢亚清同学。藏中也选派了张叔奇老师担任指导老师，由学生处负责人纪卫东老师负责协调。活动方案的主要内容确定为“提高藏族学生汉语文基础知识的应用水平”，以“四个一百”知识读本为教材开展读书活动。7月8日，由我带领12名实习生到藏中开展实践活动时，藏中施乃平校长、许振华副校长亲自接待，并对实践活动提出了要求。从7月15日到7月31日，12名同学认真备课，认真上课，履行班主任职责，到新华书店自己买书当资料，或向藏中老师请教，得到了实实在在的锻炼。我们的学生对藏中学生十分疼爱，看到藏族学生身上有痱子，就自己掏钱买来痱子粉和风油精每天临睡前都给学生擦拭。记得97·2班的胡卫峰同学吃住均在藏中，藏中的学生怕蚊子，他就连夜给藏族学生扑打，以让他们睡好觉，真像亲哥哥一样照顾藏族弟弟。

随着时间的流逝，中文97·1班的学生也毕业了，但是他们也都时刻关注着藏中的兄弟姊妹，有的从工作岗位上专门过来看望藏中的学生，汉藏青年心连心在这里得到了最好的诠释。

2004年6月，在等待博士论文答辩的日子里，我抽空到青海藏区看了看。在藏传佛教的三大寺庙之一的塔尔寺，我看到了酥油花、壁画、唐卡等藏族艺术珍品，看到了藏族人民对佛祖的虔诚，我的心灵受到极大的震动，深受教育。我还到了青海湖，在湖畔的草原上看星星点点的羊群，并走进藏族居民的家中，感受他们平静幸福的生活。我看到，在藏民的家里，堂屋墙壁上大都悬挂着毛主席的像，我明白了，汉藏人民的“心路”从来就是相通的！

转眼十二年过去了，我也在1998年夏天以后不再担任班主任的工作，但是爱心助教活动却一直在持续。2006年我又开始带班主任，我们班的学生又重新加入了爱心助教的接力活动之中，汉藏青年之间的“心路”继续在向前延伸。

开学意味着开始吃面条

王育红

2月15日，学生报到注册。开学一周了，感觉这一学期格外轻松，才两门课。想想上学期那五门课，真是苦不堪言。给本科生上的《中国古代文学史》、《唐诗导读》、《宋词导读》，都是上了几年的旧课，而给研究生开设的两门新课《中国古典文献学基础》和《明清戏曲研究》，要教好，整日里忙的只是备课，真有焦头烂额之感。

开学了，我的第一个感觉就是，开学意味着开始吃面条。

一家三口，爱人和儿子中午一般都不在家吃饭，自己一个人就下挂面凑合，一个礼拜的饭，至少有一半是吃面条。这样的日子已经持续了四年多。

吃了四年面条，吃的我愁苦不堪，同时也体验到面条的真味。一般情况下，买挂面吃，随便搞搞了事。心情好的话，或者时间充裕之时，就苦中作乐，和面粉做面条，因此，也就吃出了许多花样来，比如拉面、刀削面、擀面、扯面、揪面、卤面、油泼面、炸酱面、哨子面、汤面片、炒面片、炒菜面等等，大概有十来种之多。面条，无论做出什么花样都无所谓，最关键的是要会放调料。

油泼面是我的最爱。面条煮熟以后，盛在碗里，上面放些葱花和辣椒，以烧熟的油泼之，是谓“油泼面”。一开始，我是先调好自己碗里的饭，味道不错，儿子、爱人争着品尝，尝着尝着，我的碗里也就所剩无几，以后每次做油泼面，我干脆给每个人都调好，等着他们来享用。

刀削面，我在去年终于尝试成功。在南京大学读书期间，我与刀削面结下了不解之缘，大概一天至少要吃一次，南大学生食堂有一家卖，后来又增加了几家，说都是西北来的。到南通后，在钟秀校区的北门外，有一个叫“来荣刀削面”的小店，我常常带着妻儿光顾。来荣是店里的老板，五十多岁了，待人比较热情。可能是为了拉关系，有一次，他的爱人说我和他家来荣同岁，惹得我好笑了半天，要知道，我比来荣小十岁！我学做刀削面，全是在来荣那儿看会的。

谁说南通的面粉不能做面条，我做的扯面那是又宽又长的，有时一根面条即可盛一碗。我每次都是买整袋五十斤的面粉，以至于卖面老板说我是卖包子的……

吃面条就是吃面条，我是从来不吃菜的，有时吃那么一点，那也是爱人逼得没办法。所以吃的人干瘦得也就像面条一般，不过，没那么长。

我天生又不爱吃菜，人家请客吃饭，或者自己请客，我也只是喝喝酒、饮料而已，回家后，还得下一碗面条吃。

如今看来，正是人生无所求，最能吃面条。

开学了，我也就一如既往地开始吃面条。面条！

想我那37个学生

王育红

开学已经五周35天，我还没有见过全班学生（十来个学生因事来过）。本来约在3月6日见面，却忙于次日毕业生的论文开题，遂搁置。都大三了，我那37个学生每周还要上13门课共34学时，够累的，没有特别的事情，我也不想召集而打扰他们。我对我的学生十分放心，而且值日、值周制度都执行得很好，平平淡淡才是真。下周一定要抽时间去宿舍看看，不然就自觉太过分了。

近日思念俱增，我们一起度过的那些欢乐时光时常浮现在眼前。

2006年9月9日，阴沉沉的天，淅淅沥沥的雨下个不停。晨7时，骑车去新校区接新生，我班35人（05级下来三人，后来一名转到外院）。风尘仆仆的孩子们在他们父母或姐姐或其他亲戚的陪伴下入校注册报到。当晚的班会开到了9点，才让疲惫不堪的他们赶快回去休息。次日晨6时，又带他们领取军训服装。那天下午又是细雨蒙蒙，我忘了带雨伞，有个学生就一直给我撑着她的伞。13 日开始军训，期间，我给有手机的学生发短信，来来往往居然一百多条。

那年国庆节后，学习委员集体买来了笔记本，我们开始了慢慢的“五四三”之旅。其“五”即就是写 100 篇作文、100 篇读书笔记，背 100 篇名作，练 100 幅书法，听 100 次讲座。正是这个“五四三”成就了我这个班级，大一下学期，被评为校优秀班集体，大二下学期，被评为江苏省优秀班集体。

大一的时候，我们总共开过十多次班会，如“借学长的翅膀起飞”、“故事会”、“人格·境界·求学”、“认真对待每一个任务”、“回眸一笑”等等，大概是太多了，所以在人家眼里就成了“爱开班会的那一班”。以后，我都不好意思再开班会，但还是有那么十余次吧。

我班的孩子刻苦认真，个个争先，学习成绩又好。上课都是从前排坐起，主动擦黑板和老师的讲桌，离开教室时绝不忘关灯，平时也十分注意节约水资源。而人品、人格更不用说，比如有一次，我谈及考试作弊的现象，他们则同声答曰“连想都不想”。这样的班级，大约应该是国家级的优秀班集体。

有三四个女生体质较弱，我时时为之担忧，花样年华，要加强营养和锻炼啊。有一次班会，我说你们正在长身体，要吃好、吃饱。结果哄堂大笑，不以为然。

一个班级的班风学风怎么样，那要看男生的表现，而本班的五名则个个优秀。

今早我五点多就起床，大约七时前后，春雷阵阵，又是风又是雨的，谁晾晒的衣服没有收……下午二时，乌云密布，四野沉沉，出门的，谁没带雨伞……

我在这里无亲无故，近三年来，可以说，这 37 个学生基本是我感情的寄托、生命中的期待。我希望我的学生都成才，德才兼备，四级英语已通过 36 人，六级通过 17 人，计算机等级考试过了 35 人，而普通话才 9 人通过。坚持、坚持、坚持！我期待，明年毕业时——考研的，继续深造；工作的，顺利上岗！

记于 2009 年 3 月 21 日

神奇的超短裙

张祝平

上世纪50年代末世界流行趋势还是上行下效。就拿女性时装来说，法国巴黎、意大利米兰的上流社会的时装样式被各国女人不断仿效与复制着，女性裙装的长短始终在膝盖及以下游移着。到了60年代，随着披头士乐队与超短裙的出现及流行，才使得流行音乐和时装上行下效的局面扭转为下行上效。

超短裙是由伦敦切尔西的服装设计师玛丽·库娃妮特创造设计的。由她于1955年11月与切尔西一家取名“纯正贵族”日用品的“廉价商店”共同开发。当时她身着自己设计的“迷你”超短裙做着模特儿，据说当时见到的人们除了惊骇外无一仿效。

1960年初，玛丽·库娃妮特只好两次提着小旅行箱西渡美国，向日常妇女服装最权威的报纸展出了作品，在那里大受欢迎。从此“十七岁”、“先驱者礼物”等超短裙作品不断被介绍出来。

上世纪60年代，一般人认为服饰流行发源地必定是巴黎，超短裙的发祥地切尔西是个非常寂静的而又陈旧过时的工场街，而超短裙跳过了巴黎，从伦敦到美国到全世界大流行，在极大地改变了至今为止的时髦概念的同时，将巴黎的那种小说、油画、影片中贵族夫人的长裙曳地似的时髦普及为民众性的时髦，形成了一个很大的消费市场。

超短裙之所以流行，是因为在这之前女性的长裙使人们视觉重心在膝盖下面，“迷你”裙出现使女性的身材达到了整体平衡，身段更加匀称，三围更加迷人，尤其是使女人修长优美的腿部展现了出来，并且使女人举手投足间充满青春健康、活泼运动的动感和韵律。可以这么说超短裙是上帝赐给女人最好的礼物。

正因为超短裙使得身材好的女人愈加美丽，所以它在日本的流行就遇到了麻烦。日本人的生活方式是跪坐在榻榻米上，穿着长长和服的女性脚丫子夹着木屐啪哒啪哒小跑式地走路，小腿的肌肉和骨骼经常处于紧张状态等使得大多数日本女性的腿特别是小腿呈现或粗、或短、或罗圈等情形。超短裙在日本成为热门话题是1965年，当时预言它今后大流行的人寥寥无几，认为那种“短腿、大脚的日本女人穿它似乎并不好”和“‘迷你’要有优美的大腿才能自在”的“迷你”消极派、否定派占多数。时装信息杂志评论说：“露出膝盖的裙子，诸位都不会推荐”，生产、穿着“迷你”裙是一种危险，过于冒险，会失败的。

有一个经典的商业经销传奇故事是这样说的：有两个

欧美皮鞋商去非洲开拓市场，两人到非洲去一看，那里天很热，人们都是赤脚大仙，从小到老都根本没穿过鞋子，皮鞋不会有市场。于是一位赶紧拿了货物走人。另一位想：非洲土著不穿皮鞋，我会让他们穿上皮鞋的。于是他找了一些身材曼妙窈窕的黑玛丽做模特儿，让她们好吃好喝，穿上高跟鞋，配上花裙，戴着珍珠项链，噘着性感的小嘴，露出雪白的牙齿，整天在街市上逛。结果吸引了很多人效仿，皮鞋在非洲开拓了市场。

在日本不被流行学界看好的超短裙却遇到了好运。1967 年，它骤然间流行开来，二年后，甚至并不年轻的妇女也将长裙裁成短裙，即使是服丧也穿“迷你”裙服。到1970 年，超短裙的时髦已不可遏制。但超短裙在日本的流行并不像皮鞋在非洲那样是某个商人的推动，而是日本民众完全自发的对超短裙之美的喜好。不过，这时距离超短裙在欧美的流行已经过了 7 到 10 年，对美有着非常敏感的日本女人这些年里在干什么，难道她们对超短裙的美不屑一顾吗？答案是否定的，她们被这种美震撼了，她们跃跃欲试，但她们深知自己的腿不优美，于是她们选择了研究、准备和等待，为此期待了将近十年。

超短裙的流行给日本带来了怎样的变化呢？

其一，使日本人的生活习惯和身材有了很大的改变。日本民族最大的特点是善于吸收别的民族的长处。超短裙使日本人强烈地意识到日本女人腿不好看，而且是因为生活习惯特别是跪坐姿势所致。那么就改变生活习惯吧，所以日本很多家庭都改变了跪坐的榻榻米家具，或者改成日式和西式家具并存。母亲腿不好看不能穿超短裙，那么将来就让女儿穿吧，很多母亲就很注意家教，教育女儿从小养成良好的生活习惯和培养她们的审美观，并关注女儿身体发育期的营养和运动锻炼。经过这几十年来的改造，我们不难注意到日本人的身材有了很大的改变。

其二，超短裙使日本人穿着打扮更加注意整体协调。穿超短裙要给人以整体印象，更需要完整的组合。完整的组合配搭可以弥补掉一些日本女性腿部的缺陷。腰身大而胖的可放松腰带，挑选短裙所适合的短布面料必须为直线形的，配超短裙的靴子是军人的厚底靴或者长筒靴，可以掩饰腿部的短而弯的缺陷。超短裙改变了冬季外套的长度，例如即使在严寒摄氏零度以下也可买到淡黄色长皮毛的短外套，外套下着一双长筒袜，长筒袜里紧身连袜长裤，使长衬裙也变成了“迷你”裙服。夏季穿超短裙注意丝袜的长短色彩，腿部的美容，例如脚趾甲的修理，凉鞋的配搭等。超短裙既是摩登又是一个成功配搭的格式，与它连合一体的配搭的是帽子、发型、毛线衣、衬衣、靴子、腰带、长筒袜等形成系列。这些又改变了发型，出现了罩假发的化装法。

其三，超短裙使得日本女性更注意修养和形象了。超短裙将女性的腿部美更好地展现出来，但它并非暴露，所以穿着它应注意美观而不妖艳，注意场合礼节，应注意举手投足、站姿坐姿。因而一些家政学校也开设了围绕穿着超短裙必须注意的礼仪课程。提高穿着举止上的修养和自己的气质。

其四，超短裙带动了消费和经济。由于超短裙的流行，带动了发型、帽子、上装、裙装、腰带、鞋袜、腿部美容、家政、礼仪、家具等许多行业的发展，创造了很多就业机会，养活了很多人。可以这么说，超短裙释放了一颗震动全球的经济原子弹。

雾　遇

王志清

秋冬多雾天。

11 月 4 日，大早起来看天，我啧啧叫苦也，大雾！整个世界都笼罩在白茫茫的混沌里。

昨天还专门在百度上查看了近期天气形势，气象台没有说到有雾。6 点半的汽车，赶往上海浦东机场，然后乘坐 12 点飞西安的飞机。

糟糕！我的心开始犯毛，也像让雾笼上了的混沌。

肯定要封路；说不定照常营运。怀着侥幸心理，赶到长途车站。车站里已经积聚了不少的人，赶头班车的都没有走得了。车站内人潮涌动，人头攒动，人心浮动。我拖着拉箱，一会儿跑出去看天，一会儿跑进去与管理人员交涉，里里外外，跑了七八个来回。

12 点飞机是肯定赶不上了。不去了吧，大不了就是机票作废。那肯定不行，我还有大会发言。西安会议由《文学评论》、《文学遗产》、陕西师大等五个单位联办，机会难得，岂能放弃？

车站上的人越积越多，各式人等，各种状态。

太阳升起来老高。好不容易等到发车，也已经八点多了。满以为这下一通百通，可是，车到苏通大桥，又被拦在桥下而过不得江去。我踱步在世界第一长桥下，唯有望江兴叹而已。

反正误点了，急也无济于事，对付雾的最好办法，就是忍耐和等待，也许没有比耐心更有效的办法了。我的心态似乎好了许多，倚着车窗，雾一样的心情，雾一样的迷惘。记忆则是雾所不能束缚得住的清凉地滑过。

最近，老是被雾困。上个月在安徽开会，唐代文学第十四次年会暨国际研讨会，会议组织参观。28日游览西递红村，阳光灿烂；29日在黄山，阴霾沉重。乘坐索道上得山来，便走进雾的世界，能见度极低，只能辨析出奇异山石树林的一些依稀的轮廓。我第一次上黄山便裹进浓雾里，一切都在朦胧中，水墨山水的色调，浅浅的、淡淡的，我也成为一幅水墨画中的一个墨点。

我企图充分发挥我的想象能力，可是，想象力的翅膀也被雾裹住了施展不开来。那一次，我在庐山也遇雾，与此见之雾大不相同，那雾让你可以看见它的运动，一团团的在簇拥，一缕缕的在蒸腾，山在雾中漂浮缭绕，人在雾中释然欲仙。我领略到了雾的奇妙，没有雾还真的呆板和单调。可是，如果那雾浓重如同一张偌大的黑灰色的网把什么都给罩住了，死死地不散，那也是不幸得很的。天公不作美，天晴真好哦，据说黄山晴好天气时，时有一些云雾缭绕，美不胜收而让人惊呼“黄山归来不朝岳”。

如今我又被雾困在路上。好在是雾已经逐渐在稀在薄。

我惟有期待着，盼望着，静坐在车内，在心底里呼喊：让阳光来得更猛烈些吧！如同高尔基笔下呼喊暴风雨的海燕。

真想不到，就这一点点的雾，便把我们的生活秩序全打乱了，而我们对付这雾也就这样的低能，也竟然就这么地束手无策。

其实，人生也总是在混混沌沌中的。“露重飞难进，风多响易沉”，被诬入狱的骆宾王以“露”来比喻其牢狱之灾的处境，便有了“患难人”的哀怨。人生不也像是在赶路吗？不可能都是坦途，不可能都是顺境，如同天气一样变化莫测，有风和日丽，也有冰霜雪雾。而在现实生活里，往往让你处于纷扰芜杂的世事中，于是而常常有了欲进不进的抉择，那么，你自然也有一种如在雾中的感觉。我当下从事大学教学和科研，也是在经过了许多的选择之后而确定下来的合适于我的选择，也曾经有过如在雾中的迷蒙和困惑。我曾经在不少场合还说过“假如有来世还做大学教师”之类的话。然而，谁能管保说这就是我最佳的站位呢？

没有雾时，你可能不会留意晴天的明朗，不会体验被云遮雾罩的迷蒙。明代文学家陈继儒说过这样意思的话：人在得意时要留一条退路，人在失意时要寻一条出路。这是智者之悟，是超然于“雾”外的清醒。然而，绝非人人都能够透视人生之雾的。人在平平常常的时候无所谓，一旦得意失意时，就最容易迷失自我了。

我在雾中，急也没有用。有好多的事情是由不得你的，要看时机，要经得起迷惑的考验。我以极大的克制力维持着心境的平和，不急不躁，听任自然，天人合一，而任雾起雾散。我此前遇到过不少的雾困，也许以后我还会遇到这样或那样的雾困。人道是，善于忍耐和等待的人才是强者。

我在等待。学会等待。

终于，浓雾散尽，天空豁然开朗，汽车全速地奔向它的目的地。

我的心态也豁然开朗，赶到机场虽然早已误点，好在我还是改签了下午4点10分的机票，顺利上机，顺利到达。尤其是，我学会了等待。

记于2008.11.4

第五编

叩问生命

一哭三叹怀姨娘（三则）

周建忠

天边的阵雨

姨娘，是我童年心目中的第一个“偶像”，永远是高大伟岸的、充满活力的、思维严密的、走路干活很“男性”的！

多少年来，我始终不能接受的现实是：“姨娘老了！”姨娘的形象，在我心中早已“定格”，难以改变。

如今，我更不能接受的现实是：“姨娘走了！”似乎老天亦知我，明明是“晴到多云”，但在姨娘归天之后一个时辰，忽然阴云密布，阵雨飘飞——是苍天哭泣？伴我大哭一场？是姨娘借着风雨飞升？完成人间艰难的修炼去会一别六十年的姨父？——我希望是后者。

姨娘，是靖江方言，读音为“姨年”，城里人喊“姨妈”。姨娘，实际上是我的二姨妈。我有四个舅舅，还有两个姨娘：大姨娘心灵手巧，是母亲一系唯一的“左撇子”，绣花鞋做出一流水平，但多病早逝；二姨娘婚后半年就遭遇不幸，姨父属于小业主，做点生意，不料在江中遇上“海盗”，船上18个人被沉江淹死，财物被抢掠一空。噩耗传来，姨娘过于悲痛，孩子因此流产，自21岁起守寡独居至今。虽说是旧式婚姻，但姨娘对姨父用情甚深，痴心不改，不相信姨父被害的事实，甚至幻想姨父被蒋介石抓到台湾去了——改革开放之后，在进出口公司任职的二弟常常不敢去看她，因为她交的任务太难了：要二弟到台湾打听姨父的情况，劝姨父早日归来！——这种爱情真是惊天地泣鬼神，闻者无不动容！

姨娘，我从没叫过她“二姨娘”，在村里，“二姑妈”是远近闻名的通称，但对于我，“二”字很早就省略了，我与姨娘有特殊的关系。5岁那年（1959），由于贫穷、饥饿，我先到大姨娘家；没几天，由于一只羊的追赶，我逃到一块田里：时近黄昏，我已迷路，泪眼茫茫——被在田里干活的姨娘发现，背我回家，吃到了一碗又香又稠的米粥，一生难忘。深夜，大姨父、我的父母都来了，大姨父抱我回去，我猛地拉着姨娘的手不放，姨娘心一软，让我留下。这一留，我与姨娘的“两人世界”长达6年，11岁（1965）才回到自己的家里。

姨娘，对我来说，首先是“妈妈”，我从小羸弱多病，在姨娘家里，我得到多方照顾，姨娘对我娇惯有加，小学一年级、二年级都是姨娘把我背到学校，这是我一生最受宠爱的日子。其次是“爸爸”，教我许多做人做事的道理，我性格中的坚毅执着、追求卓越、注重细节、重视规则等，均来自于姨娘的影响。最后是“能人”，姨娘身体健壮，干农活总是跟男劳力在一起，喊起号子来，声传数里。姨娘非常要强，干活总是拼命，年年评为先进，墙上总是挂出一组奖状。姨娘一生要求上进，从不懈怠，直到文革以后，仍是“老先进”。我大学毕业工作以后，她送我一个红塑料封皮的笔记本，是她 1977 年 3 月出席“靖江县群英会议”的“纪念册”，对我的勉励是无声而永久的——这是我一生中最美好的珍藏：记录了我 1977－1999 年出版著作发表论文的清单：题目、字数、发表杂志名称、发表年月、稿费、引用复印情况。姨娘做事既快捷，又精细，比如做菜团，烧水、和米雪、切肉、汆菜，有条不紊，样样严格；搓得圆极了，简直是艺术品，大小几乎完全相等，排得整齐有序，四面皆成直线。全部做完后，自我陶醉地欣赏一遍，然后下锅烧煮，细细品尝。

姨娘也是孤独的：她太能干了，脑子太清醒了，一般人她瞧不起，解决矛盾三言两语，阐述道理要言不烦，所以她批评过许多人，尤其是她深爱她关心的同辈或晚辈——大音希声啊，理解她知道她良苦用心的微乎其微，很多人都批评她，背后骂她喜欢多管闲事——只有我能够沟通理解，我们一谈就是半天，边欣赏美食边聊天。

姨娘对我的宠爱是永恒的，我回到她身边，肯定要吃东西，而且她坐在我对面，自己不吃，看我大吃。即使我娶妻生子事业有成之后，她仍不放心我，甚至当着许多亲戚乃至夫人公子的面，公然将最好的荤菜夹给我吃，弄得我很尴尬。我对姨娘的眷恋也是永不磨灭的，记得当年被迫回家之后，一下子从“米箩”里掉到“糠箩”里，饱尝饥饿贫穷之苦，每次上学必绕远路到五圩港姨娘门口晃一晃，若是被姨娘看到，她就不忍心，问我吃饭了没？我说吃了。她说再来吃点吧，我说不啦不啦。姨娘边说边拉我进去，我一边推托一边跟进，然后大吃一顿，眼泪转动，不敢流出来。于是，姨娘再也忍不住了，大骂那些将我赶回家的人——直到二十多年之后，姨娘讲到这样的情景，仍然愤愤不平。

多少年来，姨娘总在我的心里，在我的梦里。与姨娘在一起，我们总有说不完的话，我们就是谈得来。

姨娘：我不能太贪心了，我已经长大了，也已经“奔六”啦，你就放心去吧，姨父在天国等得太久了！

写于姨娘仙逝飞升之日，2008年9月1日

飘香的河豚

大约在2000年农历三月底，一位在如皋市委党校任职的学生邀请我们几位老师到长江镇（原来的二案乡）吃河豚，好像是在晚上。我们到达长江镇的时候，正是夜幕降临、临近黄昏之际，近处有一片房屋，只觉得是黑压压的模糊的一堆东西，顿时感到莫名、无措，有任人摆布、听

从安排之意。

这时，一阵东南风悄悄吹来，一股地道的河豚的稠稠的味道，飘入鼻腔，直冲脑门——我本能地叫了起来：好正宗的野生的河豚啊！——这是我儿时鲜明强烈的记忆：真正的野生的河豚就是这个味儿。

多少年来，河豚由于其剧毒（尤其是血、眼睛、鱼子），一直是禁止食用的鱼类。但它的鲜美可口，又使无数的人经不住诱惑，悄悄地偷偷地吃河豚，品尝河豚。的确，吃河豚，是要冒相当的生命危险的，我儿时记得的几个镜头至今难忘：外地人不知河豚是剧毒，行船至我们的长江北岸，抓到河豚，就用普通的烧鱼的方法烧煮，然后全家中毒而亡；也有一群人在神圣紧张、忘我陶醉的品尝过程中，有人身子一软，瘫死在座位下面。于是，就有了一句通行的话，全国皆知：拼死吃河豚！

吃河豚禁忌规矩很特别：第一，吃河豚完全属于自愿，不得强迫任何人食用；第二，不得在家里私下里烧煮河豚，必是集体而自觉的行为；第三，烧熟的河豚不得主动送给朋友食用，朋友想吃可以自己闻声来取；第四，吃河豚是一个过程，烹制缓慢，烧好之后，第一个是厨师品尝，如半小时之后厨师未死，则由第二个人——主动做东的领导或主人品尝，如半小时后主人未死，则众宾客一起食用；第五，厨师烧河豚是专门高级技术，必定是艺高人胆大的高手掌厨，而且这些大厨师是在烹饪烧煮河豚的过程中脱颖而出的，只有一个理由：“他或她烧煮的河豚，从来没有吃死人。”而且时间越长，名声越大，乃至到了一个公社或几个公社都声名远扬，众望所归。

我从小至今，大约有数百人问过我：既然这么危险，为什么还要吃它？——这个问题的确很难回答，我自己至少是两点理由：一是我从来没有感到危险，二是红烧河豚美味特别难忘。记得叶圣陶为此专门到我们这里吃过河豚，回北京后写了一篇散文，大意是河豚名声很大，很多人冒死品尝，但味道一般，感觉与豆腐差不多。

予生也晚，再加上从小在江边乡下，后来很多年后才读到叶圣陶的文章，不仅哑然失笑：叶老是大名人，可能是厨师害怕，他品尝的河豚烧得太过了——不仅没有了毒性，更消除了美味。其实，吃河豚，讲究的就是微毒：陶醉在美味佳肴之中，慢慢感到舌头、嘴唇发麻，乃至于手指发麻，那才是恰到好处，以毒攻毒，可以治好不少慢性病，比如河豚带刺的皮吃下去，半天不喝水，可以治胃病——这是我姨娘说的。

是的，我的，关于河豚的全部知识，均来自于我的姨娘。我跟守寡独居的姨娘一起生活的时候，我才 5 岁。每年的春天，就是吃河豚的季节。姨娘是远近闻名的河豚烹制高手，常常被方方面面请过去烧河豚，一去就是一天，一开始我还没有上学，只能尾随其后，跑前跑后，边玩边看，亲身体验，耳濡目染：河豚的烹制有严格的程序与规范：姨娘没有助手，也不让他人插手，全程均是一人操作：第一，剖杀河豚，血、眼睛、鱼子均要不留痕迹，然后在两只大澡盆里浸泡。第二，打扫卫生，将所用到的锅碗瓢盆全部清洗多遍，灶面污垢也清洗一新，连房顶的灰尘都有反复掸扫，姨娘说，河豚烧开之后要揭开锅盖烧煮一阵，如果锅灶之上有灰尘，被热气熏下掉在锅里，则必死无疑。在我的印象中，每次姨娘做卫生是全力投入，头上扎个毛巾，拿个大扫把在房顶扫来扫去，不厌其烦，累积多年的灰尘到处飞扬，一直扫到空气中没有灰尘，房顶清洁发亮为止。第三，漂洗河豚，姨娘横跨马步在澡盆的外围，抓起 5—6 斤重河豚，在澡盆中大幅度漂洗：A 澡盆漂洗，放入 B 澡盆的清水中；进而在 B 澡盆中漂洗，再放入 A 澡盆的清水中。如此反复，必须五遍之上。姨娘说，如果漂洗不净，留有血迹，则吃了之后肯定要出人命。第四，烧煮。

四道程序之中，我印象最深的是二、三两项：姨娘打扫卫生一丝不苟，恨不得要做到纤尘不染，应该达到当时的“五星级”水准；而漂洗河豚，不仅是技术活，还得有力气，那时姨娘身材高大，干活做事有力到位，尤其是漂洗河豚，姨娘简直就是一个大明星，围者如堵，姨娘的手中河豚在水中甩来甩去，大家的目光随着有节奏的动作转来转去，那是我对姨娘最崇拜最自豪的时光！至于如何烧煮，我小小的个儿根本看不到灶上的功夫，只感到烧煮的时间真长，只看到灶面上热气腾腾，姨娘在烟雾缭绕之间麻利地烹制，其他人在远处观望，而那种稠稠的黏黏的鲜味儿，则笼罩在整个空气之中，仿佛整个世界都被河豚“格式化”了，这种穿心透脾、彻骨铭心的味觉记忆，永远定格在我的大脑我的心中。关于河豚，姨娘还有两点特别之处：一是见好就收，大约在四十多岁的时候，就封铲不烧了，说体力不够了，眼睛看不清了，是的，这种原始的略带巫术色彩的烹制过程，非常耗人心血。二是姨娘烧了近百顿，心里也很害怕，从来不敢先尝，而是用四号钵头盛满带回家，看看没有死人我们才美餐一顿。

所以，每当我闻到那种稠稠的黏黏的鲜味儿的时候，从来没有感到危险的存在，而是一种陶醉一种欣赏一种自豪一种快乐——而今姨娘弃我而去，凝味思人，我对河豚鱼的感觉似乎一下子淡化消解了许多许多，只是一个遥远的故事。

2008年9月9日

繁华的街市

在长江北岸的滨江小村里，有一些约定俗成的说法，比如将船开到长江去，说是“出海”，大学时代读到《西洲曲》“海水摇空绿”这一难解之句，理解很自然，没觉得有争议。

至于河网交叉，也有固定的称呼，由外而内：海，即长江。港，长江引入内河的大河，为防潮水，两边是高大而宽阔的堤岸，每一段用水闸分割。河，用涵洞连接于港，下穿堤岸而过，随潮水自由灌溉。沟，就是河的分支啦。

随着江边芦苇滩的不断围垦，堤岸不断延伸，而相对独立的垦区之间的分界，就是“港”：比如我家东边依次是永济港、张黄港、二案港，西边依次是青龙港、敦义港、新港，而我家所在的地方是——五圩港。

大而言之，五圩港就是我的家，准确地说——只是我家所在地的标志性名称，人家问我住哪？我只好回答五圩港，再细下去人家没听说过，但五圩港还是有一定的知名度，远近与闻。

五圩港，圩，一般都读“wéi”音，但我们那里读“yú”音，字典上也查不到。奇怪的是，圩岸，则读为“为”音；五圩港，读“于”音。五，是围垦时间先后的排序，以“港”为纲，又连成一些村庄，如九圩垈、八圩垈、七圩垈、六圩垈、五圩垈、四圩垈、三圩垈、二圩垈、头圩垈，这些村庄，大致从北到南，但极不规则，有线性，有并列，也有平行的。这样连接，我家的大致方位终于出来啦，因围垦太迟，尚无村名，只有行政编制——“曙光大队九小队”，往北 300 米，就是三圩垈；往南 200 米就是一望无际的芦苇滩，再往南就是一望无边的海（长江）。

五圩港，是我们非常向往的“街上”，背倚头圩垈，与二圩垈连成一线，是二圩垈的东头，离南边的三圩垈大约 400 米。如果转弯抹角，满打满算，我家到五圩港大约一千米，二里路。从南到北的序列为：长江、芦苇滩、圩岸、我家（九小队）、三圩垈、五圩港。其实，镇上的人都不承认，真正的“街”，还要向北 12 里，是公社所在地，称为

“西来镇”的地方！但是，在村里、在队里、在乡民、在我们，五圩港就是一个繁华的街上，热闹的街市：有粮管所，有供销社，有小学，更主要的是每天早上有几个大队乡民汇聚而成的农贸市场。

五岁那年，我从乡下（九小队）来到街上，来到姨娘家里，成了地地道道的街上人。难得回家，哥哥妹妹均要嫉妒地骂我“街上人”。

五圩港的行政编制是“曙光大队一小队”，之所以被称为“街上”，是有一个十字路口，村民的房屋随着十字路口向东西南北四个方向迎面而建，基本对称，像现在保存完好的江南古镇的老街，每天的早市就以十字路口为中心，向四面自然散开，到过年时节，居然也会人头涌动，喧哗一片。

我家，我姨娘家，坐落在这一繁华街市的繁华地段，十字路口的东北面，每天早晨就有一股嘈杂的声音、熟悉的味道透门而进，清纯、鲜活、浓郁、亲切，可以坐观街市美景，风闻乡里大事。我利用小巧的身段，穿梭于各种货物、篮子绳子，以及男男女女之间，总能意外捡到一些自以为有用值钱却总被姨娘扔掉的东西，而且天天都有新发现。

我家，我姨娘家，东面连接着瓦屋连绵的供销社，从西到东排列的物品大致是：布匹—劳动工具—生活用品—酱油、醋、盐、矾等副食品，我看得最多的是生活用品、副食品两个柜台，熟悉各种东西的排列顺序，心里也特别渴望。供销社东面是一条宽广的大河：两边长满蒲苇茭白，夏秋季节水面飘起一团一团一片一片的菱角，清澈的河里则有若隐若现的葳草。与供销社遥遥相望的就是粮管所，粮管所四面环水，东北是港，西南面的大河，只有北面临港有一坝相通，有粗糙的木栏栅大门——门虽设而常关，一般只有交公粮的季节才能进出，加之圆润高大的粮囤在阳光下熠熠闪光，丰盈、厚重、神秘、向往，是大家的共同感受。

大河西岸有一条水泥板垒砌的小码头，可容纳3—5人同时使用，或汰洗衣服，或洗菜挑水。大河往北通过涵洞连接与长江相通的港（五圩港），随着潮水起落，河水或清且涟漪，或浊浪滚滚，但我们吃的总是“活水”，尽管有时浑浊，但挑到水缸里，明矾一打，清冽可口，除冬天外我们很少喝开水，觉得凉水最好，清凉清爽，一喝一大碗，过瘾。姨娘挑水，从来是两个桐油味很重的大桶，大步流星地挑满之后，一把明矾撒到水缸里，倒拿铜勺，一尺多的铜勺柄在缸中顺时针旋转，越转越快，直到人工漩涡又大又深为止。缸里平静下来，水也就清了。

——11岁之后，我回到自己的家，因为挑不动，与妹妹抬水，缸满之后，学着姨娘的架子旋转起来，结果弄得厨房里满地是水，换来妈妈顺手一棒。

在五圩港，这条大河、粮管所，是我难以忘怀的童年乐园，当时的孩子王是大舅的小儿子标哥、二舅的小儿子立哥，他们指挥的水（大河）陆（街上孩子特许可以游泳过去）空（爬到高耸的树上）模拟战斗，真实感强，参与者往往神圣庄严，还有一股为国献身的冲动。当然，每当战斗结束，筋疲力尽，又湿又脏，等待的总是姨娘善意的批评与爱怜的嘲弄。洗完之后，我立马饱餐一顿，倒头便睡。

转眼四十多年过去，五圩港早已失去了往日的辉煌：供销社早已结束使命，变成一个木工房；大河泥沙淤积，水面杂草丛生，对面的粮管所矮小破旧，似乎跟姨娘一样老了！然而，随着姨娘的仙逝，美丽的往事又涌向脑际，永存心间。

2008 年 9 月 21 日

送文蔚老

周建忠

陆文蔚先生，是我最敬重的领导与学者，我们是“忘年交”。

陆老不幸罹病仙逝之后，学校追悼会的悼词由我执笔，但手头没有留下底稿，之后也没有要到原稿，说是丢啦，非常的遗憾。后来，应家属与陆老弟子的要求，要我以“中文系主任”的名义，在他的骨灰安放仪式上讲话。于是，含泪执笔，一挥而就，将我对陆老的感情，一吐为快。

陆文蔚同志是南通地区有较高声望的著名教育专家，生前曾任中文系副主任、副教授，南通市政协第二届、第三届政协委员，江苏省政协第四届常委、江苏省第六届人大代表，身兼数职，事务繁忙，但他始终不改变一位师范教育工作者的职业本色，一直到退休前始终不脱离讲台，坚持在教学第一线教书育人。即使退休后，仍然孜孜不倦地从事社会工作与科研工作，从而赢得了很高的威望。

陆文蔚同志在担任中文系副主任期间，为中文系的师资队伍建设、学科建设、学风建设做出了巨大的贡献。他狠抓教学常规，严格教风学风，他经常教育青年教师与学生，“人品学问”，人品是第一位的；“道德文章”，道德是前提。要求青年人要沉下心来，不能急功近利，要一心打好基础，练好基本功；学习要循序渐进，不要好高骛远，不要东一鳞西一爪，更不要追逐虚名浮誉；学习要少而精，扎扎实实，不能贪多求快，浮光掠影走过场！他多次告诫青年教师，要把主要精力放在读书、打基础上，在25—35岁之间要好好打基础，不要图“少年出名”，而要“大器晚成”。

尤其值得敬佩的是，尽管陆文蔚同志本人只是中师毕业，只是在专科学校工作，但他却非常重视科研工作，在他主持系科教学工作期间，先后邀请著名专家如徐复、吴调公、徐中玉、吴奔星、钱谷融等教授前来为我系讲学，交流学术，增加学术气氛，构成良好的学术导向！经过他辛勤的筹备，还于1979年主持召开了中文系第一次学术讨论会，从而推动我系教师较早确定科研选题，向较高的目标努力。可以毫不夸张地说，南通师专中文系之所以能够形成如此浓郁、厚重的代代相传的科研氛围，是与陆文蔚同志主持系科教学工作时的不懈努力分不开的。陆文蔚同志离开教学第一线后，仍然关心支持系科建设，他多次告诫我们领导组成员，不仅要自己搞好教学和科研，作为带头人，还要培养青年教师！千条万条，培养人是第一条！作为领导，先自己好，还不行，要能带动大家，使百花竞放。

陆文蔚同志几十年如一日，始终保持一个学人的本色，也是非常难能可贵的。他所取得的学术成就也是令人瞩目的，他先后出版专著三种：《鲁迅作品的修辞艺术》、《修辞基础知识》、《古今名作修辞赏析》；合著一种：《修辞基础知识》；主编学术文集两种：《语文滴翠》、《语文研究论集》。而主编、参编各种教材及参考资料亦达二十余册。他在语言修辞学方面的精深造诣，不仅在主持《南通方言志》编纂工作中得到充分的体现（主持如此重大、繁重、艰巨的学术课题，只有像他这种学术、影响、人品、敬业四者均备者方能担当），而且在全国学术界也产生了较为深远的影响，中国修辞学会副会长吴士文教授在纪念陈望道先生诞辰一百周年学术讨论会上的学术发言中指出，陆文蔚同志是在80年代中国修辞学研究中作出重大成就的十四位学者之一。

由于陆文蔚同志的一生勤勉，成绩卓著，曾经获得过不少荣誉，先后被评为享受省级劳模待遇的省优秀教师、全国语文教学会议代表、南通市文化教育界先进工作者、省社联学会先进工作者、南通市优秀党员，但他也受过不少委屈，有过不少曲折，比如他有些呕心沥血的成果，出版发表时由于出身不好等政治原因，他的姓名常常被抹去，换上了一些“集体单位”的署名，甚至有党员代表拿着他写作的论文去参加有关高规格的会议，他都能做到忍让克制，正确对待，对自己的成果能公布于世而感到欣慰。再如他的职称问题，“文革”前他已被评为讲师，但由于经济等原因未能兑现。“文革”后又碰上了全国性的职称整顿，以致延误了他进一步晋升的机会。再如他的离休问题，尽管他自 1941 年 2 月起，就在抗日民主根据地从事苏北试验乡村师范教育工作，但由于历史与政策原因，亦未能获准离休。所有这些，他未必没有自己的想法与苦恼，但他能够正确对待，始终不影响、也不放弃他的事业、他的追求，他的勤勉、他的育人，他在 1991 年的日记本的扉页上写道：“视名利淡如水，看事业重如山。”这是他晚年的座右铭，也是他自我提炼、升华的人生境界，他正是以“重如山”的态度，投入到张梅安、顾怡生两位先生的遗著整理之中，投入到《南通方言志》的编纂之中，投入到几代弟子、青年教师的培养之中，投入到“有一天活着，为青年、为人民做一点点力所能及的事”的理想之中，对此，我们怎能不产生敬仰之意、追悼之情！我们要向他学习的方面是很多的，但最主要的就应该学习他以事业为重、不计个人得失的奉献精神。

我要深情地喊一声：我们永远敬重、爱戴的陆老，走好！如果顾怡生先生九泉有知，他的在天之灵一定赞扬您的道德文章，理解您的追求、您的苦心，视您的人品学品，为同道，为知音，祝你们在另一个世界里携手前进，生活得同样美好！

陆老，慢走！

1995 年 1 月 4 日

关于祖父的回忆

顾友泽

尽管知道这一天迟早会到来，还是难以接受。直到现在，我还不敢相信：神志清醒，言语流畅的祖父仓促间连道别都没有就离我们而去。而他的亲人们却只能束手无策，任之由之。

公元2008年9月27日（农历八月二十八）上午11时，祖父彻底摆脱了病痛的折磨，永远地离开了我们。

祖父的一生，正如其生命的最后一刻，无援无助。生命，如此无助。

祖父姓名顾讳名廷耀，其名饱含着家族对他的期盼，然而这仅仅是个愿望。祖父非但无缘朝廷，即连求一己之安居亦常不可得。祖父出身于地主之家，但生活并不优越。他是曾祖父母最年幼的孩子，祖父尚未成年，父母便相继去世。也因为这个原因，祖父一直都弄不清楚自己的生日。祖父有一个哥哥，因为财产的关系，曾经几次想把他弄死。但祖父毕竟逃过了劫数，转而开始寄居他乡。成年后，祖父回到故乡，分得了十来亩薄田，成家立业。大概在此前后，新中国成立。因为地主、富农名额不够，村里为了完成任务，便将老实巴交的祖父报了上去。从此，祖父便成了人民专政的对象。那是时代的悲剧，关于祖父所遭受的苦难，我有所耳闻，与文学作品中的相似，只是没有过多的戏剧性而已。不外乎挨批、陪斗、干重活累活脏活。大概由于祖父逆来顺受，总算没有成为重点打击的对象。

拨乱反正后，祖父的“富农”帽子摘除，开始过上了平静的生活。然而，好景不长，姑妈、父亲相继搞个体运输借钱买船，请祖父担保。因为经营不善，姑妈和父亲的债务很多年都没有还清。从此，祖父开始成为债主围追堵截的对象。等到很多年以后，姑妈和父亲的债务总算还请，祖父长长出了口气，以为可以安享晚年。可没过多久，父亲因为投资失败，背上了更沉重的债务，而且这笔债一拖就是十来年。父亲躲债在外，祖父的窘境可想而知。我永远难忘这样的场景，几乎每年的除夕，祖父都赔着笑脸送走一批又一批的债主，然后才能打扫庭院准备过年。

这几年，家庭的经济状况有所好转，父亲的债务基本还清。去年的这个时候我回家还掉了一笔债务后，兴奋地对祖父说，我们已经能够而且应该承担这个家庭的重担了。祖父呵呵地笑，满脸轻松。

然而，造化弄人。就在今年春节后的不久，祖父被查出贲门癌中晚期。面对这个检查结果，我满心愧疚。去年的此时，我和两个姑妈回家，祖父吃饭是老是打嗝，而我们却以为是老年人常有的小毛病。要是我多留个心，也许结果不至如此。我叩问苍天，世间公理何在？你怎么忍心让一个饱受人间沧桑的老人尚未享受天伦之乐便匆匆将他召回？你怎么忍心让满心满意要让老人过上好日子的儿孙眼睁睁看着病魔将亲人带走？

“就命运而言，休论公道。”史铁生如是说。

祖父亦如是说。

面对我们的自责，祖父总是宽慰我们：“我谁也不怪，我命该如此。”与我们的惊慌失措相比，祖父面对死神，表现得出奇的平静与豁达。他总是一遍又一遍地说，不要替我担心，反正我已经老了。甚至，每次电话问询祖父的病情，祖母回答，总被祖父打断。就听到他大声抢答：“我很好，不用担心，安心教好你的学。”他总是替他的儿孙们着想，每次回去看望病榻上的祖父，我们总会被他责怪。甚至，就在他病危的前一天，父亲和我等一干人回家，他还责备父亲不该把我们带回，误了上班功夫。母亲还告诉我，她曾与祖父讨论过身后之事，母亲提议用棺木。祖父当然乐意，但不无担心地问，你两个儿子考上了大学，公家知道了不好吧？

祖父去世时，父母替他办了个还算风光的葬礼，乡里亲邻围观时感慨，以为这是祖父的福气。看着躺在鲜花丛中的祖父，我甚至也有了这样的错觉。母亲叹口气，说他一辈子也没这么被人抬举过。闻者不觉潸然泪下。

是的，祖父的一生一点都不精彩，甚至是窝窝囊囊。

祖父常说，我这辈子从来就没被人看得起过。是的，早年痛失怙恃，寄食他乡；中年政治迫害，人皆可唤；晚年又为儿女所累，人前羞愧。这样的生活任你狷介狂放也会灰头灰面，何况祖父本身性格就比较懦弱。他的外甥没拿他当舅舅，他的侄子没当他是叔叔。他生活在别人的冷眼中，他生活在别人的怜悯中。祖父自怨自艾却无能为力。到了晚年，祖父几乎将全部的希望寄托于我们身上。当我现在坐在明亮的灯光下敲打着键盘，不由得回忆起在昏黄的灯光下，祖父凝视着我们弟兄俩复习功课的情景，他出神地注视着我们，絮絮叨叨地说："吃得苦中苦，方为人上人。"中考那年，我的分数达到了中专线，祖父既兴奋又紧张，连夜赶到我外公家找人商议。后来，终因说不清道不明的原因，我没被录取。祖父为此惆怅了很久。又过了三年，我考取了大学，祖父摩挲着盖有鲜红大印的录取通知书，用抑制不住的兴奋的语气说，这次是板上钉钉了。后来父亲回忆说，我被大学录取，最得意的就是祖父。他那个时候，走路时笑意都会不自觉地浮现在他的嘴角，更不用说别人恭维了。也许，一辈子，他都没这么扬眉吐气过。

然而，"文帝好文而臣好武，景帝好老而臣尚少，陛下好少而臣已老"。时过境迁，曾经以读书为荣的社会突然变成了金钱至上。祖父的价值观随之发生了转变，尽管没有说出，我们仍然感觉到他希望我们也能够挣大钱。他会在我们面前赞叹某某某手里有多少多少万，某某某做了个什么官，光别人送的礼就够吃几辈子。言语之间，对我们读书既不能当官又不能发财不无遗憾。有一次，我劝祖父不要再种地了，说我们稍微省一点，够你们吃一年，祖父悻悻地说，要不省才好。为了不扫他老人家的兴，我从来不在他面前提我的收入，而在他面前幻想着美好的未来，或者借助他人来抬高自己。有一次，一个在家乡公安局任职的同学得知我在老家，建议让我所在镇的派出所所长用车将我送到市里，我婉言谢绝。祖父得知后，啧啧感叹了半天，此后，逢人总要拐弯抹角地通过某种方式说出此事。在祖父的眼里，他孙子的同学可以动用派出所所长这样的高官，他的孙子应该也不赖，祖父很是满足。祖父生病期间，我回家探病。清晨我躺在床上，听祖父祖母与一小商贩交谈，祖父生生地告诉他，他有一个孙子是个博士，还有一个孙子打电脑，挣的钱还要多。在别人的赞叹声中，祖父满意地度过了一天。

看着老人满足感，我既感到欣慰，又不无心酸。我非常遗憾自己不能成为主流社会的英雄，不能真正让祖父风风光光，慰藉他一直压抑的心灵。我们能带给老人的，除了那么点可怜精神的安慰，其他非常有限，这一点祖父比谁都清楚。祖父常说，你们走出了北秦，我们只是落个好名声罢了。祖父的话是对的。父母、弟弟和我都常年在外，家中仅有二老。生活中诸多不便固不待言，精神的寂寞也可想而知。

每到春节时分，祖父特别希望能够一家人团聚。然而，二十多年来，全家六口真正聚到一起的机会屈指可数。父母常年躲债在外，我们也因种种原因只能偶尔回家一趟。

每年春节前夕，祖父总是习惯性地说，你们要忙就不要回来。可我心里清楚，祖父是多么渴望他的子孙们能够团聚在他们身边！记得有一年除夕，天色已晚，祖父还翘首等待父母的归来，一次次走到村口。此时我正清点鸡群，未归的鸡恰好回窝，我不自觉地说了句“回来了”，祖父听到，急忙从屋里出来，连声询问，以为是父母回家。在我们家庭最为困难的时期，全家六人分住六处：父亲在外打工、母亲做保姆、七十来岁的祖父替别人看蟹塘，祖母在家种地，我和弟弟分别在两处上学。假期回家，祖父若有所悟对我说：“你还记得多年前我们家的稀奇事么？一般人家一年燕子只做一个窝，那年我们家的燕子同时做了六个窝，原来是这么回事。”伴随着他的叙述，是一声长长的叹息。我知道，多少年来，祖父一直有个心愿，就是一家人一起过个年，团团圆圆。可他终究没有等到这一天。

今年春节，我们一家相约回家团聚。祖父，您在九泉之下应该含笑了吧？

为了子孙，祖父吃尽了苦头，操碎了烦心。我努力搜索我记忆中的祖父形象，总是浮现出这样一个画面：夕阳的光辉照耀着古铜色的皮肤、如刀刻般的额头之上显得沟壑纵横，一个老农挥汗如雨地抢收庄稼，偶尔抬起头焦急地看着就要落山的太阳。这其实是我初中时参加作文比赛时描摹的一个老农的形象，其原型便是祖父。现在仔细算来，祖父其时也还六十不到，但十来岁的我已经不折不扣地将祖父定位为老年人。我想，除了孩童特别的视角外，祖父满脸的沧桑也是我如此定位祖父的一个重要原因。

祖父除了数十年替他的子女还债、挡债，还义无反顾地担负起照顾我和弟弟的任务。大概从我十岁开始，父母外出挣钱，就将我们弟兄俩托付给他们二老。我们上学时，祖父负责我们的衣食起居，为我们筹措学费。尤其是在家庭最艰难的几年，祖父为了弟弟的学费几乎卖光了家中所有值钱的东西，求遍了所有的亲戚。我们毕业以后，祖父又开始为我们的婚事着急。而我们因为经济等方面的原因，一再推迟婚期。直到祖父生病后，我们才匆匆领证，算是满足了老人的心愿。故而每每亲友问及我为何连婚宴都不举办、喜糖都未发放，我只能苦笑。要知道，除了领证的时间是五月十二日这个特殊的日子外，更重要的是，婚事对我来说并非单纯的喜事。结婚以后，祖父又开始关心起他的更下一代来，妻子与我回家探望老人家，因吃不惯家中的饭菜，每顿都吃很少的一点。祖父看在眼里，事后偷偷告诉姑妈，以为或可以见到曾孙。祖父生病后，曾拒绝治疗。但就在病危前的几周，却主动要求住院。我猜想，祖父是带着遗憾离开我们的。爷爷，恕孩儿不孝，您几次托姑妈问我，我都没有正面回答，是怕伤了您的心。

祖父离开我们后，我曾竭力回忆祖父眉头舒展的时光，却劳而无获。在我的记忆中，祖父似乎天生与快乐无缘。要说祖父曾经拥有快乐的话，那也算是苦中作乐。印象中，祖父最喜欢做的事是听老书——也就是古代通俗小说。二姑父读过高中，喜欢看这些书，看完后便讲给祖父听，祖父很是欢喜。后来，我们开始识字，也将书上的故事讲给祖父听，祖父同样很是满足。祖父还喜欢将在外面听到的故事睡觉前讲给我们听。但祖父嘴拙，每每讲到精彩的地方都叹气道，“我嘴拙，人家说得真好听。”年幼的我们常常感到遗憾。

到了晚年的时候，祖父偶尔倒表现出孩童般的天真。每次回家，祖父便将我们给他写好的电话号码念给我们听，姑妈这时往往会说，我父亲还能记得这么多字，比我们都行。祖父这个时候便露出得意的笑容，甚至还会卖弄一下，拨几个号码给我们看看。不过，他总会补充说，我也读过几年书，可惜就是拙，什么都没记住，就能认几个名字了。

祖父为人诚实，不会说谎，即便说谎也说不圆。他从不讳言自己心智不高，也不讳言自己笨嘴拙舌，但他心灵手巧。小时候家里的很多用品都由他自己动手制作，从农具到板凳、床、衣架之类的日常用品乃至我们的玩具如陀螺等无所不包。我记得有一次，我看到别的小朋友玩水枪，吵着也要。祖父便给我用竹筒制作了一个简易水枪，尽管不太好看，但射程比水枪还远，让我好生得意了一阵子。

与他们这个年龄段的大部分农民一样，祖父几乎没有什么文化，也不懂主流社会的很多道理。但他以自己对生活的理解教育我们。他要求我们勤俭节约，尤其不允许浪费粮食。他与人为善，告诫我们出门在外要广交朋友，不要与人争执；他知恩图报，去年的今天他还嘱咐我千万不要忘记补某人一个人情，人家在帮我们修墙时受了伤。又无数次地叮嘱，等你们以后有了出息，千万不要忘记你们落难时帮过你们的二姑妈与二姨妈。祖父常常感慨自己受人欺侮，他不希望被别人踩在脚下一辈子，也不希望自己的子孙如自己一样懦弱。他常常告诫我们做人要坏一点。然而，他终究没有做成坏人，他的子孙也没有能够坏起来。原来，像祖父这样的人，连坏人都不会做。

一辈子与土地打交道的祖父已经入土为安。生前，我们曾经劝他放弃种地，好好享受几年，总是被他拒绝。他总是说，现在都是机械化，种这么一点地算什么。我能动，就不要你们养。直到祖父被查出病情以后，仍然坚持要在地里种上芝麻，并计划下季种上油菜，好在来年榨点油给远在外地的子女带走。躺在病榻上的祖父，想着地里的庄稼，还心有不甘，老是念叨："没想到这病说倒就倒了，地里还有庄稼啊。"

写到这里，我翻出了去年的今天给祖父录的一段录像，里面他同样在规划着去年的种植计划，大意与他今年的一样：多种点油菜榨成油，家里榨的油纯正，味道好，让子女吃上好油。

音容可见，而斯人已去。我亲爱的爷爷，您地下有知，应该知道在这个夜深人静的时分，有思念您的孙儿。尽管您不伟大、尽管您没有丰功伟绩，但您是我们的亲人，您永远活在您的孩子们心中。

2008年11月23日深夜草稿

修改于2008年平安夜

父亲的“非物质遗产”

徐乃为

1

如果父亲还健在，今年正100岁，自然可说是人瑞了。而父亲故世已经整五十（1955）年了，这年龄在今天说，几乎可视如英年。那年我才七虚岁，因此，我的回忆注定是模糊的、朦胧的。

这是我第一次撰文回忆父亲，——地球人都知道，中国学生的作文都是从《我的爸爸》、《我的妈妈》启蒙的，以后还得反复写，可是我却从未写过，因为我父母的成份是“富农”，逢到这样的作文课，便十分尴尬与懊丧，于是常被指定改写成诸如《一个尊敬的长辈》之类的题目，我的笔下便出现形貌与父亲相似，言语与父亲相类，而姓名则是生造出来的一个邻居老大爷。

父亲行二，名龙，字驾云，别署介云、介衡，以字行。诞生于清光绪三十二年丙午（1906）的正月十五灯节，因乳名“明灯”，祖父母则称为“灯郎”。灯郎——“登郎”，登仕郎也。祖上堂号“三多堂”，诞生地已在上世纪30年代初坍没于长江，今海门汤家乡的江边小镇——“崇海”镇，显然是当年“崇”明来“海”门移民的主要通道站口，我的祖上正是崇明。

假如先给父亲一顶“类型化”的桂冠作定位的话，那么，与他最接近的，可能是普希金笔下奥涅金那样的“多余人”。而且，这一“多余”，不仅是对社会，对时代的，甚至可以说是对家庭的。此话怎讲？我曾希望母亲多说些父亲的故事，母亲除了对父亲喝酒、发脾气的生动描述以外，竟然从未有过对父亲的情分的怀念。她常说的那句话是：“少（欠）他的债呀。”——意思是我前生欠他的债，今生专来给他还债的。母亲有权利这么说，父亲留给母亲的遗产是，两间破草房与七个七虚岁至十七虚岁间的嗷嗷待哺的孩子。——两位母亲生下姐妹兄弟十人，前母生的大哥、大姐、二姐均于解放前结婚自立，三姐仍在母亲手下；母亲生养我们姐弟六人。要养活这一家人，本该是父亲的责任，而他却全撂给了母亲，母亲能不这样说吗？

祖父是一个凭机遇、勤劳与精明而致富的封建社会末世的最后“暴发户”，约略相当于中小“地主”。父亲兄弟仨可以在成家前不种地，由私塾而读到洋学堂当是明证。祖父深以自己仅能看懂“借契”（放债当是祖父发家的途径之一）的文化而抱憾，努力把父亲兄弟“栽培”成有类于同乡状元公张謇那样的人，于是不让他们干农活，而是请了饱学的秀才做塾师，还能与时俱进地递次送去海门国文专科学校读书。父亲仨兄弟的读书都很好，而尤以父亲最佳。当时海门耆旧编辑《海门国文专科学校文集》，收了仨兄弟的诗文作辅助教材，而以父亲为最多，时人谓之“三苏”。但是，马克思、鲁迅都曾说过，播下龙种而收获跳蚤是世间最平凡不过的事情。在社会学领域，投入与回报尤其不一定成正比，何况在那特定时代的穷乡僻壤，又是平凡而平凡的我家？

父亲经历的时代是风起云涌、翻天覆地、大泽龙蛇、中原虎鹿、钟毁瓦鸣、朝王暮寇的时代。一个人之最后成为怎样的人，其实由不得自己，是时代的、社会的、机遇的综合推挤、沉浮的产物，一人之遇、一念之差、一步之迟、一语之惑，均可能是改变人生轨迹的根由。与父亲约略同时代的青年毛泽东曾以“二十八画生”征集拯世救国的志同道合者为朋友，偌大长沙应答者为三个半，半个是李立三，一个是罗章龙，所谓党内早期机会主义者，另两个则是极端违逆历史潮流的人（毛泽东并未具体说出是谁）。出席中国共产党第一次代表大会的十三个代表中完全违背建党宗旨的至少有张国焘、陈公博、周佛海几人，足见人生道路的无奈与身不由己。

然而，若以父亲出生地为圆心，以十公里为半径画半圆（另半圆是长江江面）中，父亲的同辈人中竟然有多位赫赫而垂青史的名人——政协第五、六届全国委员会副主席季方（1890年生），著名学者陆侃如（1903），著名诗人卞之琳（1910），台湾著名实业家徐有庠（1910）；张謇（1853）及张孝若（1898）亦在这个半圆内，当然张謇是父亲的前辈。其中卞之琳先生离老家在登高可见而顺风可呼之间，我估测父亲之早年应当是与卞先生有过过从的；而与辜振甫、王永庆齐名的台湾商界巨擘徐有庠，则是父亲的舅家表妹夫，甚至是父亲作介丰号（是徐有庠岳父与我祖父两郎舅合开的京南货店）经理时的下手！

然而，在这个时代里，父亲不过是沉浮于江海的浪花，淹没于浩浩人流的中人。他学书，不成，去；经商，亦不成，又去；未能学“万人敌”，最后，操起少年时即鄙弃疏忽的务农，苦撑而败落，不幸而未能成为“贫下中农”，戴着富农的桂冠而撒手人寰。

总之，父亲是一个耿直自负的、愤世嫉俗的、颓废挥霍的又略如《家》中觉新的几个叔父，却是是非极明从不做坏事的小人物——一个时代的、社会的“多余人”。

2

父亲之不可能留有“物质遗产”，自是显而易见，于是只能留有“非物质遗产”了。而其颓废而短暂的经历，动荡而变革的社会，是注定不可能留下一首诗、一阕词、一副对子的。那么，他留给子女的还有什么呢？我们的名字都是他取的呀；还有，他讲的稗史、故事，他的脾性，他的口头禅，等等，如此一鳞半爪。

我们兄弟姊妹十人，加上他的两个孙子、一个外孙，他给后人至少留下十三个名字。这些名字，有时还真让人琢磨。

父亲当深知名与字之间的关系，“字”是“名”的诠释或引申。父亲仨兄弟的名字即如此。父亲名“龙”字“驾云”，意思是，龙当驾祥云而飞腾天宇；三伯父名“宾”字“驾骐”，宾当驾骐骥而奔赴朝会。大伯父如今却只存有字“驾鳌”，盖以字行而失名，本人估测，名或当作“仙”、“神”，仙方驾鳌鱼而主宰大地（传说中，大地是由三匹鳌鱼顶浮起来的）。

我有姐姐四人，大姐乳名瘦梅，学名映晖，亦隐晖；二姐乳名韵梅，学名映篱，亦隐篱；三姐乳名友梅（又梁梅），学名映霞，亦隐霞；四姐乳名雪梅，学名映霏，亦隐霏。这些名字，乳名与学名的关系，其实亦有如名与字的关系。

三姐的另名“梁梅”是有来历的，三姐生下不久，前母不幸染病逝世。家乡风俗，遗腹子取名，当有“梦（或‘望’，同音）”字，意为在父亲冥冥的期望中长大。而母死者当取“梁”，谓之“无娘梁佑”。“娘”、“梁”谐音，“N”、“L”不分的地方则同音字，且将裹着婴孩的襁褓在栋梁上挂一下，梁之能支撑大厦，自能护佑婴孩。三姐亦作了这种仪式，亦是父亲特别怜爱的意思。

父亲取“梅”的意思，他的女儿当如“疏影横斜”、“暗香浮动”的梅花。而且，这些“梅花”当映照于云霞晖雯之侧，隐匿于篱畔草菲之畔，这些名字应当是雅致的。——在我们家乡，女孩绝无称“梅”者，因“梅”谐“倒霉”之“霉”，深所忌讳。在家乡，黄梅天遇到什物“发霉”都讳言而反其意称之“兴旺”。自然，父亲是决然不信这一套的。

大哥至四哥四人在上学前，父亲都分别取了乳名、学名、表字。父亲故世时，五哥与我尚未开学，故无字。像我们这一辈既取学名又取表字的，当今世间还委实罕有遇见。我们兄弟的名、字依次为：

大哥乳名鑫伯，学名伯为，表字仁佑；

二哥乳名森仲，学名可为，表字厚由；

三哥乳名焱叔，学名奚为，表字文硕；

四哥乳名备季，学名无为，表字志矣；

五哥乳名镒稚，学名而为，无表字；（五五年秋入小学）

本人乳名焚余，学名乃为，无表字。（五六年秋入小学）

今稍作诠释。四位哥哥依次伯、仲、叔、季，自是长幼的次序，而名“鑫”、“森”、“焱”的三位哥哥在“五行”中分别缺“金”、“木”、“火”，这自然不言而喻；四哥五行齐全，故曰“备”。

四位哥哥的表字只是口耳相传，并无谱记，二哥（已病逝）的表字“厚由”仅记音，把握不大。其余三位则大致不差。

大哥“伯为”，意“大为”，大有作为；“伯”通“霸”。而“霸业”则是与儒家的仁政有违，故“仁”以“佑”之，始可大为，因取“仁佑”。

二哥“可为”，“厚由”的意思是，“厚实、深厚”方是“可为”之“根由”、“缘由”。

这“厚由”是我“考证”出来的。——母亲讲过这个故事，二哥可为开学报名，老师问“你叫什么?”二哥曰“厚（后?）可有为。”老师说，“什么乱七八糟的，那有四个字名字的?”二哥曰：“叫可为。”这“厚由”是我由以下情景设想中猜测的：他人（邻居、亲戚，含母亲等家族）问父亲：你家老二名、字若何？父亲答：名可为，字厚由？客人问：什么意思？父答：厚可有为——根基厚实才有作为。我二哥上学报名时回答老师的，是父亲对他的名与字的解释，怪不得老师莫明其妙。（我二哥于1978年病逝，亦可能名“可为”，字候科，即等候登科。）

三哥“奚为”，是问句，做什么的，因什么而做成？答以“文硕”，才学硕大。

四哥“无为”，表字“志矣（焉）”。意思说，“无为”就是我的“志向呀”，这是极有意味的表字，表示对“无为”的崇尚与坚持。

“而为”与“乃为”意义相似，即“于是而成”、“趁势而成”的意思。

“五哥”的乳名，亦稍有意味。显然亦五行缺金，于是取“镒”，即“益金”，缺金而增益金也。“稚”者，幼子；

“伯仲叔季”排列既尽，乃是尾缀之子。

本人乳名“焚余”。母亲说，有人问父亲“焚余”何意？父亲说：该儿缺木缺火，故曰“焚”，“余”者，五儿已是幼子，名“稚”；故此六儿是“多余儿”也，故为“余”。家中每作如是说，自我读中文专业，我方明白。父亲取“焚余”之意，是“木火余”，即“木之有余”、“火之有余”，补益缺木缺火也。父亲之答人家问为“多余儿”，显然是诙谐的幽默了。

大姐家的大外孙生于1948年，时避战火而“客居”上海，写信请外公取名，因在颠沛流离中，父亲取曰“临安”。

值得细说的倒是大哥家的大儿子（亦1948生）请我父亲取名一事。父亲虽为大哥取名伯为字仁佑，但后来大哥未用，而自取“南飞”，从大伯父、三伯父家的兄弟排行，父亲对儿子的“违忤”自然颇为不悦。至于大哥请父亲为长孙题名事，母亲后来告诉我，父亲当时与母亲说，儿子你自取“南飞”，我偏反其道行之，给你儿取“‘贡（音）’北”；此名何如写，何如意，母亲虽初通文墨，仍是说不清的。当时在左的路线下，母亲压低声音，欲言又止。她的神色告诉我：可能写如“攻北”。当时共产党是从北方南攻国民党的；故觉得这个名字是“大逆不道”的。时至今日，我倒是彻底明白了，其真名“拱北”也，即拱卫北极星。语本《论语·为政》：“为政以德，譬如北辰居其所而众星共（拱）之。”唐戴叔伦《赠徐山人》诗：“针自指南天窅窅，星犹拱北夜漫漫。”唐罗邺《春晚渡河有怀》诗：“万里山河星拱北，百年人事水归东。”《乐府诗集·燕射歌辞三·后晋群臣酒行歌》：“剑佩俨如林，齐倾拱北心。”都是忠君爱国的意思，共产党来自北方，因此，这一名字实在是真正拥护共产党的名字。

后来，“临安”仍因病而死于战乱，而“拱北”被大哥易名为“和湘（音）”，幼时溺水夭折。“拱北”之弟生于1951年，父亲取名“定久”，意指和平安定必能长久之意。

从这些名字说来，父亲似还不是一般的村学究所能比拟。

3

父亲善于讲故事，喜欢讲故事，这是留给我们记忆印痕最深的又一类“非物质遗产”。

夏日黄昏的院场上乘凉，雨天村头的小酒馆闲坐，都是他讲故事的时候……而在家里，父亲端起酒杯，故事便开讲了。我们兄弟姊妹便是最忠实的听众。先说一个讲故事的故事。

有一次正值农忙，可怜的母亲见一大堆农活、家务摊在场边地头，这着急就不用说了。而父亲的故事正讲到兴浓意惬之时，母亲鉴于父亲经常酒后大发脾气，此次自然也不敢搅扰父亲的兴致，她只能暗中支使哥哥姐姐去干活，父亲见“听众退场”，便勃然大怒，大声呵斥母亲，顺手抡起凳子，一张吃饭的桌子便敲去了一大角，折了腿的凳子也飞到了院场上！我们自然都惊呆了。结果是，哥哥姐姐跟母亲下地去了，只有我与五哥呆坐在小矮凳（北方人谓之马扎）上，父亲自然也没了兴致，睡他的“黄酒梦”去了。母亲、我们都不明白，平日随和得甚至玩世不恭的父亲为何变得如此暴怒呢？自从我做了教师，才从心理学的角度明白，——凡社会人都希望别人觉得他的存在，而有人听他讲话，便是存在的最重要的标志。父亲的心理是，他是有资格在更多的人面前说话的，而且是可以说正经话的；然而如今，他只能说稗史闲话了，听众只有自己的几个孩子了，已然如此不堪，竟然还被孩子他妈支使走了！这关起门来的皇帝还不让做，能不摔东西骂娘吗？

父亲最喜欢讲的是三国，至今我还记得好几个片段。

曹操杀吕伯奢。——曹操刺董卓未遂而逃，感动得本要捉拿他的陈宫一起与他奔逃，两人如漏网之鱼，半路巧遇曹操世伯吕伯奢，老伯闻二人为朝廷除害，深为嘉许，嘱咐好生在庄上待着，自己赶集沽酒。曹操多疑，久等不回，以为吕老伯告密于董卓。遂伸长耳朵听后院动静。只听见磨刀声声，并有人曰：“先杀长胡子的？还是先杀短胡子的？”而曹操正是长胡子，陈宫正是短胡子，于是二人一使眼色，执剑逢人便杀，可怜吕家老少，尽皆殒命。及至牲口棚舍，见二厨磨刀，旁有长胡子之一羊，短胡子之一猪。二人急走，恰遇吕老伯担酒而归，曹操因诓吕老伯回头他视，亦一剑斩于地下……所以记得此故事，当得益于有趣的“先杀长胡子的？还是先杀短胡子的”一句，父亲偏亦是长胡子，说时便端起胡子大笑，——并评论曰“此曹孟德所以宁吾负天下人，不叫天下人负吾也”。然而，及至我幼时看三国，此处仅是“缚而杀之，何如?”并无“长胡子、短胡子”云云。

父亲这样讲诸葛亮的“空城计”。父亲说，孔明见司马懿领兵远去，摇扇挥汗，连声说“好险哪，好险哪”，而此时，他正用毛笔给哥哥姐姐们示范写司马懿的“懿”字，把笔当作扇子摇起来，以致太阳穴上涂了一笔，引得我们兄弟姐妹大笑，他亦大笑。然而待我看三国此处，则是“孔明见魏军远去，抚掌而笑”，又并无“险哪”、“险哪”两句。

父亲讲到诸葛亮五丈原病重，点灯作法，祈禳上天，为己延命，以完成北伐大业。而魏延突然闯营禀报，扑灭主灯，以致孔明无救；此时父亲便大骂魏延，似乎魏延比他的生死冤家更冤家似的。……此外，关羽（父亲称为关公）黄忠战长沙、关羽刮骨疗毒而与马良下棋的故事，被潘璋绊马索活捉的故事，诸葛亮借东风的故事，亦是常讲不衰的。当时我不明白的是，这个过五关斩六将水淹七军的关公为什么被无名之辈潘璋所俘？

而“长胡子、短胡子”与“险哪、险哪”片段，到底是父亲的再创作，还是从别的版本，或“捉放曹”、“空城计”等戏剧移植而来，这就无从查考了。

而最震撼我的故事是，1978 年全国第一次高考统考的语文试卷，有一题要求理科所做，是翻译《曾子杀猪》——“曾子之妻之市，……遂烹彘（猪）也。”这是父亲的故事中记得最清楚的一则之一。我在考场见到，当即泪如雨下，此题虽不必文科考生做，我还是认真、迅速、虔诚地做了。而且记得很清楚，我们兄弟中一人有一次亦吵着跟母亲去集镇，母亲用买糖、馒头之类哄我们的时候，父亲说了这个故事。在我人生转折的高考试场见到，能不感焉？

另一则令我极为感慨的故事是《左传》中“钼麑刺赵盾”的故事。父亲极尽语言渲染能事，把钼麑奉命时的果决，行刺前的震撼，自杀时的无奈表现出来。我甚至此时还在怀疑我怎么可能记得这则深奥的故事？自然，长期以来完全不知“钼麑”两字是如何写。而所以有此残存的记忆，可能与我一舅父名“佐虞”有关，“佐虞”与“钼麑”，在我们方言中完全相同。而我后来从《左传》见到这则故事，是在大学读书的时候了。

父亲还讲鬼故事，谓之讲“聊剑仙（音）”故事。（此称谓我与哥哥们讨论后确认）笔者忝为中文系古代文学的教师，且亦研究小说（主要“红学”），对“聊剑仙”何者，曾长期不知所以，上大学后怀疑是“聊斋”，后翻阅聊斋，能确认父亲讲过的故事则只是《瞳人语》中“见有小人从鼻孔进出”这一奇特怪异的情节。而今，我可确认，父亲讲的“聊剑仙”故事正是“聊斋”。因为蒲松龄字“留仙”，号“剑臣”。显然，“聊剑仙”三字，当是取“聊斋志异”

之“聊”，取“剑臣”之“剑”，取“留仙”之“仙”了。然而，其“聊剑仙”之特称，是笔记稗史中原有对蒲松龄的称谓，还是父亲的“创造”，这又不得而知了。后求证今寓四川的叔兄奚为，叔兄电话中说还记得父亲曾讲过“剧盗王二，来往山东、河南间。其行劫也，不结伴，不杀人，……”似出于《历代剑侠全传》；而“王二”故事，则见诸徐珂《清稗类钞》，可能入选于民国十五年版“全传”。

4

书法，是最特殊的一门艺术，最难以评断高下的艺术。我们行外人说这字这么丑，书法家却偏说这字这么美，我们行外人说那字那么美，书法家偏说那字那么俗。即使同是书法家，评断之大相径庭者亦是多多。而且，“书名”又每与那个人的名声地位成正相关。我只能说，父亲的字是写得好看的。父亲的字写得好，这在家乡是很有名声的。遗憾的是，存世的字，今仅存一封信，在南京四姐处，是父亲写给当时启东中学读初中的四姐的，几十个字，内容不过是衣食住行的叮咛，这当然不是书法作品，而是寻常尺牍。据深得书法三昧的叔兄奚为评价，父亲的字写得极为秀丽圆熟，并很大气，与沈尹默的字很相似，沈自是近世大家，这不过说父亲的书法是传统文人一路而已。

听大哥说，父亲曾自己说，在十七岁时开始给人家写“匾”。所谓“匾”，书法上则称“匾榜”，我想，大约是店名堂号之类。

留给我记忆中的是，父亲常给人家写对联，主要是挽对，偶尔有寿联、婚联等。有时父亲正在田间干活，有人请求写对子，父亲就扯开嗓门喊：“墨先磨起来。马上就到，先问问称呼是啥么事（什么）?”父亲说的“称呼”，说吊唁、祝寿、贺婚的对象是什么，他是依此边走边拟撰腹稿。父亲的对子，从不在现成“通用联语集成”之类的书上照抄，而是因人而异，即事拟撰，有时还与事主商量。在书写前，根据一联的字数，先掰一芦篾，在空白对纸上比量，以求均匀分布，用指甲划上印痕。上联写毕，下联则并在旁侧书写。一边写，一边讲些掌故。例如——当年张謇考上状元，与写字很有关系。太后六十大寿，开了恩科，所以举子都得呈上寿联。皇宫比不得百姓堂屋，高得多了，对联挂的也高。张謇甚是细心，写“寿比南山松不老，福如东海水长流”，上面的字最大，以下逐渐收小，且挂在第六十副。金銮殿上，翁同龢陪太后依次看来，到第六十副（切六十寿），翁氏稍作提示，太后向高处望去，别人对联上的字都是上小下大，惟张謇一副，上下一般大小，联语亦佳，于是取为状元。今我遍翻《张謇全集》，并无此事记载，父亲当是耳食民间故事而作传述而已。父亲不要润笔费，来人或带来一壶酒，或留下两盒烟而已。

父亲是失败的商人，最恨“无奸不商”的商人，没有赚钱意识，其实，父亲是完全可以“昂其值”而卖文鬻字的。

父亲吃饭的时候经常说到写字，怎样好看，怎样难看。常常用筷子在菜碗里蘸了菜汁在饭桌上写字，唯一记得父亲具体教我们写的是字“為”字，他说：你们弟兄的名字里都有“為”字，“為”字不好写，记好三点（大意）：一，那一撇，不能顺弯，必须直，甚至略往里逆曲；二，三折中的第二折小于第一折；三，四点要在里面，至多一点在外边……

叔兄奚为告诉我，父亲书法的故事，还有一件值得一提。当年启东县第一个科研单位是“启东县人民政府棉场（主要推广‘岱字棉’）”，就办在我们的老家——父母亲评为“富农”时居住的宅院。这“启东县人民政府棉场”匾牌即当时场长请我父亲所书写，叔兄说，这几个字至今历历在目，秀丽连贯，庄重大气；特别说，“启”作“啓”，“场”作“塲”。

5

父亲早年曾是海门仁和轮船局（经营小客轮）的帐房，来往于海门上海之间，在十里洋场的上海是见过灯红酒绿、纸醉金迷的。这在我们小地方，算是“见过世面”的，他曾经看过梅兰芳、周信芳、盖叫天等名家演的戏，因此看戏是父亲除了喝酒、抽烟以外的一个癖好。

在 1952 至 1953 年间，农村的经济恢复甚快，在家乡的向阳镇，竟然有人合股办起了“向阳戏院”，这是用毛竹、芦笆、稻草搭成大草房，以汽灯作照明，以竹片做成长凳子，约五百座位，票价在一角到三角之间（我想，整个启东县绝不会超过十家）。戏院经常到上海请各剧团前来演出，父亲自然是戏院的常客。父亲不但自己看戏，还动员母亲看戏，甚至还带上我们去看戏。这在家乡邻居说来，是绝对不可思议的，农民的共性特征是节俭，是决然舍不得把钱花在吃穿住以外的任何地方的，父亲是决不顾及于此，把此看作人生的享受。父亲遇到好看的戏，有时会作出全家看戏的决定，准备工作则是强迫我与五哥赶快午睡，防止看戏时睡着，还吩咐提早做晚饭，我们高兴得就像过节一样。

具体记得的剧情如今已经极少，零星的影像有“鲁智深举起杨柳树（其实是木制道具）”，“牛郎织女”中由人（演员）搭成的“鹊桥”，更多的影迹是老旦的站起来又坐下的没完没了地唱。但我却能因此记住越剧《双珠凤》、《火烧红莲寺》、《甘露寺》；锡剧《珍珠塔》、《双推磨》；沪剧《罗汉钱》等戏名。

越剧“火烧红莲寺”当是举家合看的一次。在家乡方言里，“红莲寺”与“红楝树”完全同音，我家宅沟旁偏有一株楝树，春夏季是绿色的，晚秋剩下楝树果是黄色的，怎么是“红楝树”呢？结果看了以后，自然不懂，只见和尚进进出出，最后烧了庙宇。上大学看了《醒世恒言》中“汪大尹火烧宝莲寺”，乃知大致取材于此。而如今从网络查询，知晓“火烧红莲寺”是三十年代时已是上海享有盛名的越剧，所以父亲那么熟悉。

6

父亲所读主要是儒家的经书，“儒人”的最高境界自然是“三立”——立功、立德、立言；立言又是境界的顶端。而父亲颓废而短暂的人生，自然是离“立言”最遥远的人。然而，他竟然留下一些“语录”，身后还为人“引用”，——这里指一两句口头禅。那自然是数十年前的事，即我种地的时候，现在必然湮没无闻的了。当然，这些“口头禅”并非他的创造，但是他常挂嘴边并“身体力行”，于是成了他的一种符号，以致后来人说起这些村言俗语时，前面竟然冠于“就像徐驾云说的”。

一、“且（qiǎ）得再话”。这是他最常说的一句话，普通话当是“且得再说”，这句话似乎并无突出之处。可是到了他的嘴边，便活生生显现出他的个性来。这句话的核心意思是——得过且过，因循苟且，拖沓迁延，敷衍了事。这就是我父亲的人生观。父亲是一个自视甚高的人，他总以为生不逢时，苍天无眼，于是便转化为一个极为消极颓废的人。他凡做事，总马虎敷衍、草草结束，他人如有问诘，则亦嘲亦慰曰——“且得再话”。

二、“打一个譬如，——老牛也杀了吃”。先释义：此句之内涵，与“退一步海阔天空”相仿，惟取意消极罢了。“打一个譬如”，即是做一个退一步的假设。老牛，在当时的农村是极为珍贵的生产资料，在平常情况之下，是决然不舍得杀了吃的。只有在某种特定的退一步假设之下，才可能舍得杀了吃。意思是说，人是无奈的，在冥冥的命运之前、客观的“不可抗力”前，实在太渺小了。懂得这一点，还有什么可珍视、可吝啬的呢？说这话的场合，大凡是邻居有事请他排解，或是兄弟分家不匀而争吵，或是生意蚀本而懊恼，或是其他不幸。于是父亲便说这句话，作宽解之语。“譬如遇到风暴（家乡最多台风灾害）”、“譬如遇到水没（水灾）”……这倒是一句睿智语。这句话后来就简约为“打一个譬如”，此“老牛杀了吃”成了歇后之语。而父亲的这句话，正表明他有旷达的一面，——自然是无奈的旷达；在此时想来，含有对他自己际遇的一种解嘲，并稍稍有一丁点儿酸楚。

7

父亲故世前一两年，身体渐渐羸弱，清晨醒得极早，重的农活愈加力不从心。母亲就极力撺掇父亲找一份凭他文化学识而吃饭的省力差事。父亲却说：我一走，地里农活怎么办？别的不说，就是每五六天就得一次的推磨（将玉米籽、元麦磨碎），谁给你扛上四五十斤的粮食？母亲缠过足，四姐在启东中学寄宿读书，身边年纪最大的二哥才十一二岁，都难以胜任扛此粮食走一二里外的三婶家（三伯父病逝于 1944 年）推磨。母亲说：地里农活可以请短工，推磨则自己买石磨，家里事你别管，我能支撑，你只管去罢。其时百废待兴，像父亲这样文化的人，在启东是极少的。鉴于启东中学将办高中部（后于1955年始招第一届），我大舅父时任启东县委组织部部长，已经与启东文教科说好，可到启东中学教语文。父亲同意了，并且作了准备：买了新石磨；买了母亲可使用的小车子；甚至考虑到子女全部上学以后，无人看家，买了一把大的弹子锁。总之，父亲马上要成为受人尊敬的高中语文教师了。正其时，父亲病了，咳嗽，浑身疼痛。——这难道不是父亲的悲剧命运使之然吗！小镇上的医生说不碍事的，是“烟翻伤”，父亲早年曾抽过鸦片，后解绝。然而药石罔效。1955年元宵节，母亲为父亲五十生日草草吃面（即祝寿），——家乡人说吃面能消去晦气。翌日，母亲冒雨服侍陪他去县城人民医院，临行，邻居看望他，父亲说：换一个面孔回来。（换为健康的脸）在启东医院亦无效；再去南通医院，诊断为“支气管癌症”，这是乡间极少听到的病名。是年农历闰三月，在后三月初九，父亲死于南通返家途中的大伯父家，年仅虚龄五十。

父亲回来了。果然，换了一个面孔，但不是健康的面孔，而是告别人世，告别亲人，告别子女的冷冰冰的面孔！

父亲死后，三姐被在崇明做护士的二姐接去，在银行开始新的工作与生活。

生来为父亲“还债”的母亲并未被命运击倒，孱弱多病的母亲带着我们姐弟六人开始了超乎寻常的艰辛跋涉。

及至文化大革命爆发的时候，四姐已经大学毕业，三哥、四哥正在读大学，我在读高中，一个“富农”寡妇培养了四个大学生，这在穷乡僻壤是十分罕见的。母亲的坚毅令人惊异，我曾问母亲怎么有勇气挑起这副父亲撂下的重担？她淡淡地说：有你们这些苦命的争气的孩子，——日子，总是要活下去的。

至于父亲的“非物质遗产”给我们的影响，我以为，正是父亲的消极人生带给家庭的困窘，恰好反向培养锻炼了我们较为积极的人生态度，使我们大致能与时俱进。

2005年元宵—2008年秋

难遂父愿

王志清

我的一生中有许多遗憾，最大的遗憾，是愧对父亲。

这固然是，父亲咽气时我竟然不在场。十四年前的那天下午，父亲心肌梗塞住院，我赶到唐闸医院。父亲经抢救已经脱离危险，他神志清醒过来后，一定要我们都去上班。父亲一直教育我们以工作为重，因此，在我的工作履历表里是找不到请假二字的，无论是自己生病还是家人生病。强不过父亲，我也只得离开医院，做好了陪夜准备。下午四点接到父亲病危的通知，可是，父亲说走就走了，没有等到与我作最后的一个告别就匆匆辞别了人世和我们。想不到我竟然这么积极，而换取了终身遗憾的代价。

然而，我最大的愧疚，也是我最难遂父愿的则是，竟没能混上个一官半职。

我的父亲最希望他的子女都能够做官，平常比张三比李四的，都是拿人家做官的比。我们在背后都戏称他是“官迷”。父亲七岁就做童工，比我母亲还要早一年，属于

“苦大仇深”的那一类人。他的性格十分好强，什么都不愿落在人家的后头，技术好是远近闻名的，也只混了个技术员八级，再往上就是工程师了，因为没有文化，没有正规学校的毕业文凭。后来评上了省劳模，做了一个算不上“品”的芝麻官，厂工会干部，“文革”中还当成走资派受到冲击，获得了被工厂造反派抄家的待遇。父亲值得骄傲的是，当时的市委主要领导两次亲自来我们家为他做入党辅导。在父亲眼中，有没有进步，就是看你是不是干部？这完全是一种朴素的感情，定然不是当下官本位的理念，也不会是想到捞取好处。父亲离我而去已经十多年了，他如果看到现在揪出来的贪官动辄就是百万千万，甚至上亿，真不知作何想。

可是，我也太不争气，终于没有能够“进步”，甚至也不愿意“进步”。早年，我似乎还真有过两次“进步”的机会。第一次是在刚刚走上教师岗位不久，即借调去团市委，旋即我便打马回转；约在而立之年时，单位上把我拔到政工的位置上，不久我又找借口“退步”了。人到中年之后，随着自己对自己的认识越来越深刻了的时候，似乎更没有“进步”的意识了。我深知，我的性格是不适合做什么官的。记得在机关工作时，负责一个方面的工作，有个领导对我说：你最大的弱项是不会和稀泥。这话说在我的软肋上。我岂是不会和稀泥呢？我生性率真，不会迎奉，且疾恶如仇，这种性格是很不适合做官的。

结婚成家了，我们几乎每个星期都要回家看看，而父亲每次都要询问我的进步。总是某某家的丫儿又如何如何进步了的啰嗦话，这让我觉得很“烦”，自然也有几份赧然。我几乎不记得在父亲那里获得过什么的表扬，在父亲的眼里，我似乎也没有什么能让他特别满意的地方。父亲弥留之际一定很痛苦，他走了，留下了终身的遗憾。

父亲走了，我依然没有什么“进步”。在“烧斋七”时，我的弟妹们肯定地说：你那也是官儿！你不是还有张名片吗？把名片化在烧给他老人家的纸里。我跪在父亲的灵前，恭恭敬敬地递上了我的那个名片：副主编、编辑部主任。那不是个什么官儿，只不过是负责编稿和出版而已。

如今，我早已过了提拔的年龄，此生也已经没有了做官的希望，因此，我很怕去父亲的坟上去扫墓，我怎么说呢？怎么面对？

虽然我倒自恬然适意，做自己喜欢做的事，不像杜甫那样整日地愁眉苦脸，朝扣富儿门，暮随肥马尘；也不像李白那样“遍干诸侯”，生成苦苦的东山情结。周建忠教授在他的《楚辞讲演录》里说屈原好官，如果像填写高考志愿，他的第一志愿是做官，第二志愿是做官，第三志愿还是做官。服从分配一栏里也肯定填的是做官。其实，古代的士人有几个不是这样的，譬如杜甫，譬如李白。我真的没有看到李白杜甫他们有什么政治才能，但是，自视甚高，期望值也太高，简直是一条道上走到黑，一辈子沉浸在做官的幻想和追求中。而且，我尤其不能理解的是，古人即便是做到了刺史一级的干部了，还有抱怨，如柳宗元还气出病来，忧郁而卒。古代士人大多有一种“致君尧舜上，再使风俗淳”的抱负。因为我终不是古人，我更没有轰轰烈烈做一番事业的雄心和能耐，我所有的一点本事大概除了写写文章便还是写写文章。如果限我填写三个志愿，个个志愿都是“写作”，服从分配的志愿也还是“写作”。我写我的文章，优哉游哉，忧乐一支笔。虽然也写出教授来了，写出了一点知名度，然而，我还是羞愧莫名。因为我深知，在父亲眼里，这哪能算“进步”？充其量只是做了一份糊饭吃的工作。我只能愧对父亲。

诗人道格拉斯·马洛奇诗云：“如果你不能成为山巅上的挺松，就做山谷里的一棵小树！但要做最好的一棵；如果你不能成为一棵小树，何妨就做一棵小草，一定是给道路带来生气的小草；如果你做不了麋鹿，就做一条小鱼也不错！但要做湖中最活泼的一条！做不了大路，何不做一条羊肠小道，不能成为太阳，又何妨当颗星星……”诗人为了说明一个哲理：“成败不在于大小，只在于你是否已竭尽所能。”我很欣赏马洛奇的话，“我们不能都做船长，总得有人当船员”。我也许根本就不是船长的材料。尤其是中年以后，我是唯恐管不好自己，处处争取让人管理。我越来越看透了自己，只能做一些我喜欢做的和我做得好的事情。好在我无仕隐选择的两难，更无任何空头心黑，虚静守拙，我“只能耕种自己的田地，收获自家的玉米”。

哦，难遂父愿哟，难遂父愿。

老之至兮可奈何？

王志清

我家客厅的那株鹊梅桩也真的性急，二十一世纪的第一声春雷还没有隆重响起，便已见到它铁丝般的枝丫上有了些春的动静，虽只有半粒米大小的萌蘖，却让人涌动出十二分的感动。这意味着已经战胜了冬天的肆虐而开始了新的生命。冬去春来，周而复始，生命走过了一个周期，于树便是多了一圈年轮。

人非草木，而在时间面前人又同于草木，人生就像是在画圈圈，围绕着一个轴心，遵循着一定的轨道，二十四小时算一天，三百六十五天是一年，天干地支里子丑寅卯的一圈十二年，六十组干支就是六十年一个甲子。画圈是谁也不能超然其外的，谁不愿画了，或者谁不能画了，也就意味着对生命的放弃。

说时迟那时快，我的人生已经画到了第四个本命年了，由庚辰而辛巳。一想到这里，心里的季节就多云转阴。再转一圈呢？我还能蓬蓬勃勃地转几圈？认真想起来真够惊心动魄的。不能细想而又不好不想。孔子云："发愤忘食，乐以忘忧，不知老之将至。"说此话时的孔子肯定心里也不是滋味，说不知老之将至者，其实已大有对老之速至的恐惧和忧心。儒家的根本精神是用世的，为了达到用世的目的而追求"无可无不可"的境界，也就是说，只要能表现自我价值而为社会做出了贡献，不计较进退荣辱。因此，孔子一生中一直怀有对时间的深深的恐惧感。

"日月忽其不淹兮，春与秋其代序。惟草木之零落兮，恐美人之迟暮。"(《离骚》)这种由时间意识所激生的忧患精神，是几乎所有的欲有作为者都有的共同感慨。诗人似乎特别容易引发对时间感悟的痛感，时间的感知是感知者的痛苦。时间的恐惧感我是近几年来才滋生出来的。三、五年前还一直在稀里糊涂地应酬，处于一种让外界所左右的牵制和摆弄中。在新世纪到来的时候，我似乎格外的平静。我认真地谢绝了朋友邀我去寅阳看新世纪第一缕阳光的美意，决定把自己关在家里，泡一杯浓茶，点一支馨香，什么也不去做，不看书也不写作，静静地盘点自我。然而，我却怎么也静不下来，最往我心里去的是，海北天南恩我爱我挈拔我的良师益友们，他们的微笑在我的脑海里频频出映。比如柯蓝先生，他给我的影响颇大，在广东的创作会议上我第三次见到他，他还是那样不断地拍我的肩膀："你不要浪费你这个材料呀！你要好好抓紧呐！"在会议上拍，在游览时也拍，后来身各一方拍不到了还在通信里多"拍"的意思，言之殷殷，由衷而发。念念于这些前辈学者对我的关爱，我疯打了一些表示新年祝福的电话。我要感谢的人太多，有这么多感情债要背，我哪有时间计较生活中谁使过我绊的小动作？

我已深深感到时间的威胁了。曾几何时还沾沾自喜着“来日方长”，如今却耿耿于“去日苦多”的痛感。这种感觉的骤变，是一种生存意念的变化，自然也带来了生存形式的变化。在绕树三匝之后，我走出了阴影，又步入校园，画了一个戏剧性的圆。这非常戏剧性的转换，仿佛生命的急转弯！

子曰：“加我数年，五十以学《易》，可以无大过矣。”加年之愿望何其良好，而加年之目的则尤为美丽。一不小心，我也快五十岁的人了，加年的愿望也油然而生。年是“加”不到的，也只有在自己有限的生命里打点主意，我开始精打细算我的日子了。因而我也似乎平生第一次体验到什么叫着“忙”的滋味了。每每伏案疲倦时，我便凑到我盆景的草木们那里去，看它们如何萌芽如何打朵如何绽蕾，而在这种对生命颂辞的读解中，在这种青春交流的诗意中，渴望着一种被绿色点燃的快意和冲动。

在生命急转弯的时候，站直了，我想成为一株树。

第六编

闲聊阅读

亦史亦稗话庄谐

徐乃为

东坡老《题西林壁》诗句“不识庐山真面目，只缘身在此山中”，识者每谓“当局者迷，旁观者清”，诚哉斯言。可是，还真不能因此而认定，识者既能清“当局者”所以迷，又能清“旁观者”所以清。世上之事，有些竟然不仅“当局者迷”，“旁观者”亦迷；“两清”，何其难哉。

一个亦史亦稗的故事，竟然是个既蒙蔽“当局者”，又蒙蔽亿万“旁观者”一千余年的智者“谎言”。

三国故事里最精彩的故事属“赤壁之战”，“赤壁之战”最精彩的片段是孔明智激周瑜。孔明见周瑜对曹操咄咄逼人的攻势正处于“战”与“降”的犹豫之中，于是献上计外之计：

> 孔明曰：“愚有一计：……只须遣一介之使，扁舟送两个人到江上。操一得此两人，百万之众，皆卸甲卷旗而退矣。”……瑜又

> 问："果用何二人？"孔明曰："……操本好色之徒，久闻江东乔公有二女，长曰大乔，次曰小乔，有沉鱼落雁之容，闭月羞花之貌。操曾发誓曰：吾一愿扫平四海，以成帝业；一愿得江东二乔，置之铜雀台，以乐晚年，虽死无恨矣……"瑜曰："操欲得二乔，有何证验？"……孔明即时诵曹植所作《铜雀台赋》云："从明后以嬉游兮，登层台以娱情。……立双台于左右兮，有玉龙与金凤。揽二乔于东南兮，乐朝夕之与共……"
>
> 周瑜听罢，勃然大怒，离座指北而骂曰："老贼欺吾太甚！"孔明急起止之曰："昔单于屡侵疆界，汉天子许以公主和亲，今何惜民间二女乎？"瑜曰："公有所不知：大乔是孙伯符将军主妇，小乔乃瑜之妻也。"孔明佯作惶恐之状，曰："亮实不知。失口乱言，死罪！死罪！"瑜曰："吾与老贼誓不两立！"……

周瑜应当是个冷静的智者，你看，他为防被孔明所欺，始则问"果用何二人?"继则问"操欲得'二乔'，有何证验?"他决不是诸葛亮帐下的张飞、魏延等，一激将便着火的莽汉。当他真真切切听到孔明诵读"揽二乔于东南兮，乐朝夕之与共"时，方说出"吾与老贼誓不两立!"孔明自然是窃笑；读者至此，亦莫不会心而笑，为孔明的智慧所激赏。

孔明的智慧不仅在选择激将时机的得当，更在于他创造了一个智慧的但亦“拙劣”的谎言。没有这个谎言，激将便不能奏效！——这个谎言即是导致成功的关键之句——“揽二乔于东南兮，乐朝夕之与共”。其实，假如是局外人，不难发现这是一个“谎言”——我想，当时在场的鲁肃，就知道这是“谎言”，然而，这“谎言”导致的结果却符合他坚决的“联蜀抗曹”的主张，中其下怀，因此亦就不吱声了。这里所以遽下判断说这是一句拙劣的“谎言”，那是因为，作为儿子的曹植，会在《铜雀台赋》中揭露父亲曹操的好色与荒淫吗！可见，这个谎言建立于逻辑的悖论，违背了曹植原赋只能为尊隐、为贤讳，须歌功、须颂德的常识常理。

笔者循此思路，查曹植的《铜雀台赋》原文，果然，这两句本是“连二桥于东西兮，若太空之蝃蝀”——原来，铜雀台有东西两座，矗立于漳河两岸。“连二桥”是说用天桥将两台相连；“蝃蝀”则是彩虹，大概是文学史上最早用来比作桥梁的佳喻。

我们说孔明之智慧，那是说他的即兴改作是如此敏捷与娴熟，韵律是这样的自然与谐和，几乎“天衣无缝”。特别是瞅准周瑜“器量窄小”的特点，巧妙地将人们最不能忍受的“杀父之仇，夺妻之恨”运用于其中，刺激他的妒火，麻痹他的缜密，终使周瑜情不能禁而勃然大怒，遂致孔明出使吴国所衔重大的也是唯一的使命——联吴抗曹大计的成功。

作为三军统帅的周瑜，理当“泰山崩于前而色不变”，为什么竟然不能保持自己一贯的冷静与睿智，被一个低级的逻辑悖论所欺骗？那就是因为小乔是自己的爱妻，就是因为他是这一事件的“局中人”。因此，即使是智者，当他成为“当事人”、“局中人”，则也往往会与常人一般，致思维迟钝，被假象迷惑，入其彀而上其当。

当然，这个故事是小说《三国演义》中的故事，所述之周瑜与孔明是小说中的人物形象，与历史上的赤壁之战未必是一回事，与历史人物的周瑜与孔明亦未必是一回事。

这里笔者还要披露的是，它还有第二层面的“谎言”，这一动听的故事，在历史的真实中，是连发生的可能也绝不会有的！

翻查历史知悉，赤壁之战发生于建安十三年，即公元208年；铜雀台则造于建安十五年，是在公元210年！可能发生孔明改动《铜雀台赋》而激怒周瑜的故事吗！可见，所谓“诸葛亮智激周瑜”，原是稗史的民间幽默而已。

然而，这样的一个逻辑悖谬的故事却长期被奉为智慧的经典而津津乐道。假如说，周瑜之受骗，因为是身处云笼雾罩的“庐山”，是“局中人”，亦倒罢了。何以此后，作为诸多局外人，竟然没有哪个史家，哪个小说家、哪个研究者、哪个读者（读者是亿万计的！）指出那是美丽的“谎言”呢？或许因为，在长时间形成的历史文化语境中，诸葛亮已经成为中华民族智慧的象征，已经使广大读者自觉中成了孔明的“粉丝”、孔明的“追星族”。当人们成了

"粉丝"与"追星族",就是使自己从"旁观者"而转化成为"当局者",就自觉地"为尊隐、为贤讳,须歌功、须颂德",就不去逆向思维,不去对偶像的诸葛亮的"妙计"作清醒的审视。

这一"谎言"的创造还并非发生于《三国演义》成书之时,有案可查的上当者至少可以追溯到晚唐的杜牧,他有一首著名的咏史诗《赤壁》,其中这两句:"东风不与周郎便,铜雀春深锁二乔!"这应当表明那时已经有了这一故事的雏形。苏东坡《念奴娇·赤壁怀古》则有:"遥想公瑾当年,小乔初嫁了,雄姿英发。羽扇纶巾,谈笑间,樯橹灰飞烟灭。"用幽默的语调,故意出现了"战争叫女人走开"了的"小乔",岂不是说明苏东坡的思维中亦有孔明智激周郎故事余绪吗?杜牧与苏东坡是何等的智者?他们尚且如此,遑论凡人、常人了!——"当局者"与"旁观者"均迷于"局",竟一至于此!看来,我们对生活中那些老是被"上天掉馅饼"骗局欺骗的人,还真该有一种宽容与理解,少一点苛责与嘲笑了。

拐弯的眼睛

徐乃为

“一叶障目，不见泰山”，不妨亦理解为作为心灵窗户的眼睛的一种无奈：哪怕面对像泰山一样的庞然大物，只要有一片薄薄的树叶遮挡，眼睛既不能拐着弯看，亦不能穿过物看，只能徒叹奈何。然而，在文学作品里我们却常常看到，说一些人的眼睛洞若观火，明察秋毫；甚至能够洞悉他人内府心灵——有一种特殊的“穿透力”，那说的自然不是人的眼力，而是人的智慧、灵性与颖悟了。《红楼梦》中就有两个经典例子，但是，说的不是洞察面对着的人的“心灵”，而是说眼睛穿透过厚厚的墙壁而见到了那分明被遮住的人物及其心灵，自然，这亦不是眼睛的特异功能，仍然指心灵的洞察与感悟。

第二十八回中，叙写宝玉、黛玉、宝钗及探春姐妹正在王夫人房间说笑，此时，疼爱孙子、外孙女的贾母特差丫鬟叫宝玉与黛玉两人去她那边吃中饭。我们可以想见，黛玉是十分乐意让宝玉招呼她一同前往的，我们似乎还看到嘴角旁一丝不易察觉的优越于宝钗的得意。然而，小说却是这样写的：

正说着，只见贾母房里的丫头找宝玉林黛玉去吃饭。黛玉不见宝玉走，便起身拉了那丫头就走。那丫头说："等着宝二爷一块儿走啊！"黛玉道："他不吃饭！咱们走，我先走了。"说着便出去了。宝玉道："我今儿还跟着太太吃罢。"王夫人道："罢，罢！我今儿吃斋，你正经吃你的去罢。"宝玉道："我也跟着吃斋。"说着，便叫那丫头："去罢。"自己先跑到桌子上坐了。王夫人向宝钗等笑道："你们只管吃你们的，由他去罢。"宝钗因笑道："你正经去罢！吃不吃，陪着林妹妹走一趟，——他心里正不自在呢。"宝玉道："理他呢，过一会子就好了。"

一时吃过饭，宝玉一则怕贾母惦记，二则也想着着林黛玉，忙忙的要茶漱口。探春惜春都笑道："二哥哥，你成日家忙些什么？吃饭吃茶也是这么忙碌碌的。"宝钗笑道："你叫他快吃了瞧黛玉妹妹去罢。叫他在这里胡羼些什么？"

…… ……

宝玉进来，只见地下一个丫头吹熨斗，炕上两个丫头打粉线，黛玉弯着腰拿着剪子

> 裁什么呢。宝玉走进来，笑道：“哦！这是作什么呢？才吃了饭，这么控着头，一会子又头疼了。”黛玉并不理，只管裁他的。有一个丫头说道：“那块绸子角儿还不好呢，再熨熨罢。”黛玉便把剪子一撂，说道：“‘理他呢！过一会子就好了’。”

引文在两处地方说黛玉已经出了门，走出了人们的视野。一处是“黛玉不见宝玉走，便起身拉了那丫头就走”；一处是公开宣示：“他不吃饭！咱们走，我先走了。”黛玉到底走了没有呢？没有走！因为下文有一段精彩的照应：她听见了宝玉说的令她十分伤心的话——“理他呢，过一会子就好了”；在饭后，宝玉急急忙忙看望黛玉时，黛玉正在熨烫衣片，丫鬟提醒黛玉把“那块绸子角儿”再“熨熨”时，黛玉毫不犹豫地答非所问地把“理他呢，过一会子就好了”甩给了宝玉，表示她刚才被宝玉冷落的郁愤。这句话的结构意义，正是告诉宝玉与读者，黛玉说完“我先走了”以后其实没有走，而是出门——拐弯，停在人们视野未及的门的一侧等待宝玉！

从下文知晓，宝玉、探春、惜春、王夫人都以为她走了。否则，打死宝玉也抠不出“理他呢，过一会子就好了”那句令黛玉不高兴的话。探春惜春甚至连宝玉“忙忙的要茶漱口”的简单用意都没明白而遑论其他！

可是有一个人却知道黛玉说走而并没有走，这个人是宝钗！于是，洞若观火的她瞅准时机说了“一石三鸟”的话："你正经去罢！吃不吃，陪着林妹妹走一趟，——他心里正不自在呢。"这句话说与宝玉听：是对宝玉的关怀；说与王夫人听：是表明自己的雅怀；说与黛玉听：是表明自己无意于宝玉，决非酸妒之人！

宝钗确实料事如神，有一双拐弯的神眼，有一双穿透墙壁的神眼！至于下文中宝玉"忙忙的要茶漱口"的用意，一直与宝玉生活在一起的探春、惜春仍是不理解而感到纳闷；在宝钗眼中浅显得只是"小儿科"了，又一次揭露了宝玉的隐秘：是急着"瞧黛玉妹妹"罢！

问题是，宝钗是如何知晓黛玉说走而并未走呢？原来是她从黛玉神态、言语的信息中领悟、解读、分析出来的。"黛玉不见宝玉走"，可见黛玉在听到丫鬟喊吃饭后，显然神态中流露出对宝玉的等待乃至示意，这些神态是瞒不过同样敏感的也暗恋着宝玉的宝钗的；而更重要的是黛玉的那句话——"他不吃饭。咱们走，我先走了。"这句话有似于"爱的美敦书（最后通牒）"，黛玉的这句话看似回答丫鬟的，其实却是说与宝玉听的！请问：世上之人，谁不按时吃饭？却偏说宝玉"不吃饭"。因此，言外之意即是：你宝玉除非不吃饭，假如吃饭，就得与我一起走。可见，这句话是邀约，这句话是催促！——那自然是并未走而在等待着。宝钗听见了，听懂了，于是说了极为得体的话。

我们不妨作深一层的思考，对在场人物的"智商"与"判断力"作一评断，我们又能发现什么？这一波澜，提供给在场人物的思考与判断的"物象"是两个：一个是声明已走且消失在人们视野的林黛玉，一个是其余在场人物面对着的宝玉“忙忙的要茶漱口”一句话。前一“物象”是深层的隐秘的，难以洞察的，所以众人都未“理解”，只瞒不过宝钗；后一物象显然表面得多，容易得多；然而一直与宝玉生活在一起的探春惜春也未明白。难道这是“智商”与“判断力”的问题吗？不是的。从整部《红楼梦》看来，探春的智商与判断力是不在宝钗之下的。那又是什么原因呢？从生理学、心理学的角度看，一个人的感受性与判断力的敏感程度都是有选择性的，是随关注度而“升降”的，宝钗所以敏感于此事，表明她关注宝玉与黛玉的关系，实际是就是关注自己与宝玉的关系，时时考量自己与黛玉在宝玉与王夫人、贾母心中的地位。这么说来，宝钗的内心世界，不是可见一斑吗？

《红楼梦》中还有一处细节，与上文极为相似，也是讲有一双拐弯的眼睛，洞察他人心灵的眼睛，但是究其所以“拐弯”与“洞察”，却与上文有很大的区别，值得比较与玩味。

第二十回中，写贾府过新年，给丫鬟奴仆放假，服侍宝玉的丫鬟头儿袭人因生病而朦胧睡觉；其余大丫鬟晴雯、秋纹、碧痕等也玩赌钱去了。此时，惦记着袭人的宝玉回来看视。——只见麝月一人坐在那里“看家”，宝玉问麝月为什么不去玩？以下是——

> 麝月道：“都顽去了，这屋里交给谁呢？那一个又病了。满屋里上头是灯，地下是火。

那些老妈子们，老天拔地，伏侍一天，也该叫他们歇歇，小丫头子们也是伏侍了一天，这会子还不叫他们顽顽去？所以让他们都去罢，我在这里看着。”

宝玉听了这话，公然又是一个袭人。因笑道：“我在这里坐着，你放心去罢。”麝月道：“你既在这里，越发不用去了，咱们两个说话顽笑岂不好？”宝玉笑道：“咱两个作什么呢？怪没意思的。——也罢了，早上你说头痒，这会子没什么事，我替你篦头罢。”麝月听了便道：“就是这样。”说着，将文具镜匣搬来，卸去钗钏，打开头发，宝玉拿了篦子替他一一的梳篦。只篦了三五下，只见晴雯忙忙走进来取钱。一见了他两个，便冷笑道：“哦！交杯盏还没吃，倒上头了！”宝玉笑道：“你来，我也替你篦一篦。”晴雯道：“我没那么大福气。”说着，拿了钱，便摔了帘子，出去了。

宝玉在麝月身后，麝月对镜，二人在镜内相视。宝玉便向镜内笑道：“满屋里就只是他磨牙。”麝月听说，忙向镜中摆手，宝玉会意。忽听“唿”一声帘子响，晴雯又跑进来问道；“我怎么磨牙了？咱们倒得说说。”麝月笑道：“你去你的罢，——又来问人了。”

> 晴雯冷笑道："你又护着。你们那瞒神弄鬼的，打量我都不知道呢！等我捞回本儿来再说话。"

麝月的回答是深使宝玉感动的，"公然又是一个袭人"，就是对麝月的"当家作主"意识的赞许。宝玉对麝月的回报则是亲操梳篦——，这大概是古今中外难得的主子少爷为丫鬟奴婢的梳头了。其中二人镜中镜外，摇头摆手，会心示意，相视而笑的闺房情趣，堪与《浮生六记》媲美，这且不说。

正在这时，"耻居袭后"而"愧在麝前"的"酸妒成性"的晴雯进来了！晴雯哪里容得这般光景！马上冷笑道："哦！交杯盏还没吃，倒上头了！"接着，她说是"捞本"心切，暂不理会，"便摔了帘子，出去了。"

晴雯"出去了"——，其实是虚晃一枪，并未走远，如同上文中的黛玉一样，只是"躲在"大门的一侧，听听宝玉与麝月还有那些"私房话"！当不提防的宝玉说出"满屋里就只是他磨牙"时，立刻杀了一个回马枪："我怎么磨牙了？"并且甩出更有分量的一句："你们瞒神弄鬼的，打量我都不知道呢！"具有戳穿他们"越礼""勾当"的犀利。

问题是，对于晴雯"说走而并未走"的那一招术，宝玉果然没有料到，而麝月却早已料到！——因为在宝玉说"满屋子就是他磨牙"时，麝月分明"忙向镜中摆手儿"示意：快别说！晴雯还未走！

上文说及，宝钗之所以判断黛玉未走是从黛玉的神态与语言中捕捉有价值的信息的。那么，麝月又何来那双“拐弯”的“穿墙透壁”的眼睛的呢？

作者熟练地运用了巴甫洛夫的“条件反射学说”。显然，作者旨在告诉人们，作为以“酸妒”为性格之一的晴雯经常使用“偷听”“窥视”的招术！——唉！这两个充满贬义的词还真不忍心用在晴雯身上！然而事实确是如此，麝月的判断，只是条件反射而已！

关于晴雯的“醋意”，这里有充分的证据：

第三十一回，宝玉与晴雯辩嘴，袭人劝架，推着晴雯说漏了嘴：“好妹妹，你出去逛逛，原是我们的不是。”——“我们”系指宝玉与袭人，竟自视如夫妇！因此，晴雯猛烈抨击袭人是“鬼鬼祟祟干的那些事”的自我暴露。

同回，晴雯还翻起“碧痕侍侯宝玉洗澡两个时辰”的旧帐，说“笑了好几天”！

在第二十四回以后几回中，一发现小红千方百计地挨近宝玉，并见宝玉也有些意思，晴雯马上施予严厉的打压……

第六十二回，芳官只是偶巧与宝玉一起吃饭，晴雯便用手指戳在芳官的额上：“你就是狐媚子！两个怎么约下了！”并酸酸地对袭人说：“既这么着，要我们无用。明儿我们都走了，让芳官一个人，就够使了。”

还有一个有趣的旁证：第七十三回，怡红院上下正服侍宝玉临阵擦枪以应付贾政的盘考。晴雯则吆喝着小丫头各尽职守。一个打盹的小丫鬟“一头撞到壁上”而惊醒，便以为是晴雯打了她而“央求说：‘好姐姐！我再不敢了！’”这也是说明小丫头由于经常挨晴雯打而产生的“条件反射”。

这些都可以作麝月判断晴雯“说走而并未走”正在“偷听”与“窥视”的注脚的。

《红楼梦》艺术意蕴的丰赡，实在是通篇皆是，又岂凡夫俗子的侪辈所能说出一二！而本文所引的两例至少说明：文艺美学与符合心理学、生理学的生活细节的结合是那么美妙。关键是我们不能“一叶障目，不见泰山”，要使自己锻炼出一双善于发现美的眼睛。

戏谑的品位

徐乃为

书可以诲淫，可以诲盗，可以坏人心术；书可以医愚，可以启智，可以厚人学养；书还可以解颐，可以悦性，可以使人高雅。三者相较，书之“使人高雅”最难，——而《红楼梦》就是这样一本让人悦性趋雅的好书。

小说的育人、怡人功能，自然主要取决于生命、爱情、死亡等重大主题的开掘，取决于人物塑造、情节设置、环境烘托的艺术魅力的渲染。这些自是不言而喻，故姑且不说。我们这里只说《红楼梦》中生、死、情、仇之外的纤波微澜，衣、食、住、行之中的细枝末节——“戏谑”与“玩笑”的某些片断的描写。

说到《红楼梦》中“戏谑”、“玩笑”的描写，人们自然忘不了以下处处：薛蟠在冯紫英的筵席上粗野下流的令人作呕的酒令，刘姥姥在大观园酒宴上大俗趋大雅的令人喷饭的村言。贾赦企图霸占鸳鸯，惹得贾母大发脾气。此时王熙凤一句“编派”老太太“不是”的笑话一语解颐

——“谁叫老太太会调理人？调理得水葱儿似的，怎么怨得人要？我幸亏是孙子媳妇，我若是孙子，我早要了，还等到这回子呢？”在亦庄亦谐之中，消了贾母的气，引了众人的笑，还博得了老太太的好感。而在贾琏私会鲍二家的过程中，惹起凤姐与贾琏的重大冲突。老太太亦是一句玩笑而烟消云散——“什么要紧的事！小孩子们年轻，馋嘴猫儿似的……这都是我的不是，叫你多喝了两口酒，又吃起醋来了！”庇护了贾琏，抚慰了凤姐，绝倒了众人，——息纷争于解颐！此外，再诸如贾政说的怕老婆的笑话（第七十五回），尤氏的说得贾母“已朦胧双眼，似有睡去之态”的笑话（第七十六回）。笑话本身并不幽默，鉴于说笑话者的身份，读者倒是会心地笑了。

戏谑与玩笑的目的，是在“趣”，即逗人于笑。可以说，无论在生活中，也无论在文艺作品中，戏谑、玩笑的基本特征是“俗”字，由“俗”而引人于乐。自然，“俗”大有区别：有的是“俗”而成“污”，有的则“俗”而趋“雅”。显然，“俗”而成“污”，就是诲淫诲盗一路，雅人不齿；“俗”而趋“雅”，即是解颐逗乐一路，众人喜欢；而“雅”而得“趣”，是最难一路。

我们这里赏析的，正是“雅而得趣”一路。

红楼女儿开社吟诗的集中描写，有几次“戏谑”、“玩笑”，一次比较集中的描写是开社时互取“诗号”——笔名，小说写道：

黛玉道：“既然定要起诗社，咱们都是诗

翁了，先把这些姐妹叔嫂的字样改了才不俗。”李纨道：“极是，何不大家起个别号，彼此称呼则雅。我是定了‘稻香老农’，再无人占的。”探春笑道：“我就是‘秋爽居士’罢。”宝玉道：“居士、主人到底不恰，且又瘰赘。这里梧桐芭蕉尽有，或指梧桐芭蕉起个倒好。”探春笑道：“有了，我最喜芭蕉，就称‘蕉下客’罢。”众人都道别致有趣。黛玉笑道：“你们快牵了他去，炖了脯子吃酒。”众人不解。黛玉笑道：“古人曾云‘蕉叶覆鹿’。他自称‘蕉下客’，可不是一只鹿了？快做了鹿脯来。”众人听了都笑起来。探春因笑道：“你别忙中使巧话来骂人，我已替你想了个极当的美号了。”又向众人道：“当日娥皇、女英洒泪在竹上成斑，故今斑竹又名湘妃竹。如今他住的是潇湘馆，他又爱哭，将来他想林姐夫，那些竹子也是要变成斑竹的。以后都叫他作‘潇湘妃子’就完了。”大家听说，都拍手叫妙。林黛玉低了头方不言语。

李纨笑道：“我替薛大妹妹也早已想了个好的，也只三个字。”惜春迎春都问是什么，李纨道：“我是封他‘蘅芜君’了，不知你们如何？”探春笑道：“这个封号极好！”宝玉道：“我呢？你们也替我想一个。”宝钗笑道

> “你的号早有了，——‘无事忙’三字恰当的很。”李纨道：“你还是你的旧号‘绛洞花主’就好。”宝玉笑道：“小时候干的营生，还提他作什么。”探春道：“你的号多的很，又起什么？我们爱叫你什么，你就答应着就是了。”宝钗道：“还得我送你个号罢。有最俗的一个号，却于你最当。天下难得的是富贵，又难得的是闲散，这两样再不能兼有，不想你兼有了，就叫你‘富贵闲人’也罢了。”宝玉笑道：“当不起，当不起，倒是随你们混叫去罢。”……

黛玉的动议开宗明义，是“避俗趋雅”。故黛玉曰“才不俗”，李纨回曰“则雅”。因此，我们显然可以定这次“玩笑”为“雅谑”。

“雅谑”的高潮是探春与黛玉间的“打谑”。李纨居“稻香村”，自取“稻香老农”，极切其孀居自守、不扰世事的身份。探春所居“秋爽斋”，因取“秋爽居士”，“清秋”“肃爽”，本已很雅。宝玉却说出别出心裁的见解：不能像男人那样取“居士、主人”等名色。于是，探春因喜欢芭蕉，而更名“蕉下客”，——蕉下吟诗客。何其清雅的诗号！以致众人都说“别致有趣”；黛玉却“横空出世”，祈使他人——“你们快牵了他去，炖了脯子吃酒。”别人正不解，她随后说出“蕉叶覆鹿”的典故，反应之机敏，情境之切合——，直透射出黛玉学养的深厚与高雅。于是，“众人听了，都笑了起来”。连被打趣的探春也笑着说“你又使巧话骂人”，这就是对此“雅谑”的最大的认可与褒扬。

这场雅谑的“高潮之巅”却是探春对黛玉的“回敬”，“回敬”黛玉“潇湘妃子”的雅号。这虽然是人们较为习见的典故，却更加切合当时情境，切合黛玉脾性，切合黛玉居所。遂致大家拍手称妙，黛玉也“低头不语”，表示认可。

这场雅谑的余韵是李纨给宝钗封“蘅芜君”，罗列出各不同角度切合宝玉脾性的“绛洞花主”、“无事忙”、“富贵闲人”等绰号。

整个场景虽不乏调侃、揶揄，但绝对没有丝毫的恶俗与粗鄙，新奇高雅、妙趣横生，在中外典籍中不多见。读来余香满口，听来余韵萦耳，使人避俗趋雅。

情爱，不，微萌的情愫，从来就是打谑的“趣料”。对于宝玉与妙玉之间特殊的若现若隐的此类关系，小说有这么一次意味深长的描写。

第五十回，天降瑞雪，大观园女儿“争联即景”诗，芦雪庵上夸学使才，呈智斗敏。仅此场面，已是高雅无比。“争联”者，看谁对的联句、出的联句多，宝玉只管看史湘云独战裙钗，以致自己忘了“争抢”，在统计联句中又落了下风，按游戏规则当罚。于是有以下一段描写。

> 李纨笑道：“……只是宝玉又落了第了。”
>
> 宝玉笑道：“我原不会联句，只好担待我罢。”
>
> 李纨笑道：“也没有事事担待你的：又说韵险了，又整误了，又不会联句了，今日必罚你！

我才看见栊翠庵的红梅有趣，我要折一枝来插瓶。可厌妙玉为人，我不理他。如今罚你去取一枝来。”众人都道这罚的又雅又有趣。宝玉也乐为，答应着就要走。湘云黛玉一齐说道：“外头冷得很，你且吃杯热酒再去。”湘云早执起壶来，黛玉递了一个大杯，满斟了一杯。湘云笑道：“你吃了我们的酒，你要取不来，加倍罚你！”宝玉忙吃了一杯，冒雪而去。李纨命人好好跟着。黛玉忙拦说：“不必，有了人反不得了。”李纨点头说：“是。”一面命丫鬟将一个美女耸肩瓶拿来，贮了水准备插梅，因又笑道：“回来该咏红梅了。”湘云忙道：“我先作一首。”宝钗忙道：“今日断乎不容你再作了。你都抢了去，别人都闲着，也没趣。回来还罚宝玉，他说不会联句，如今就叫他自己作去。”黛玉笑道：“这话很是。我还有个主意，方才联句不够，莫若拣着联的少的人作红梅诗。”宝钗笑道：“这话是极……”李纨道：“饶过宝玉去，我不服。”湘云忙道：“有个好题目命他作。”众人问何题目？湘云道：“命他就作‘访妙玉乞红梅’，岂不有趣？”众人听了，都说有趣。

李纨是诗社的“监察”，她对宝玉的责罚是行使职权，秉公执法。这里的责罚不是“打戒尺”，不是“罚劳役”。

而是“冒雪乞红梅”，十分雅致；用小说中的话说是“又雅又有趣”。这一罚，重在“雅”。宝玉冒雪而去，李纨则“命人跟着”，——这自然是对宝玉“安全”等因素的关心：黛玉偏拦住说：“不必，有了人反不得了。”这就表明黛玉对妙玉乖僻脾性的洞悉，暗示出妙玉对宝玉有“情结”那么一点因由，这就由“雅”而“趣”了。而最后，黛玉、宝钗、湘云共同商量的结果，不惟让宝玉“乞红梅”，而且罚他作“访妙玉乞红梅”，将未出场的特殊人物“妙玉”的名字出现在诗题中，则有意表明她们对宝玉妙玉特殊关系的认识，表现出黛玉、宝钗、湘云这些少女们复杂而敏感的心态，真是又雅又趣了！

以“乞梅”与“作诗”作为责罚的手段，不只小说中，在社会生活中亦是最雅致的了，除了《红楼梦》，别处看不到。

在谐谑、打趣这些特殊的场景中，宝钗一般较少参与，表现出她循规蹈矩、装愚守拙的淑女本性；但有时却也情不自禁，通过她特有的方式，表达她特有的复杂情感。第二十五回，宝玉、凤姐遭赵姨娘的魇魔法暗算，几乎丧命。此时，癞头和尚与跛足道士及时赶来，把“通灵宝玉”抚摸念诵，恢复驱邪功能。此举果然灵验，宝玉、凤姐渐渐地痊愈了。小说写道：

> ……薛宝钗，林黛玉，平儿，袭人等在外间听信息。闻得吃了米汤，省了人事，别人未开口，林黛玉先就念了一声“阿弥陀佛”。薛宝钗便回头看了他半日，嗤的一声

> 笑。众人都不会意，贾惜春道：“宝姐姐，好好的笑什么?”宝钗笑道：“我笑如来佛比人还忙：又要讲经说法，又要普渡众生，这如今宝玉，凤姐姐病了，又烧香还愿，赐福消灾，今才好些，又管人家（脂本作‘林姑娘’）的姻缘了。——你说忙的可笑不可笑?”

黛玉的“阿弥陀佛”果然是情爱的诉求，情不自禁；宝钗的“嗤的一声笑”，却可谓五味齐全。而当宝钗回答惜春的问话，可说是真正的言由心生：矛头指向了林黛玉，表明她是那么在乎宝玉与黛玉之间的情感！脂砚斋在此处加批语道：——这一句作正意看，余皆雅谑。但此一谑抵颦儿半部之谑。

在第二十九回清虚观打醮故事中，张道士送与宝玉一个金麒麟；宝玉本拟不要，说施舍与穷人的孩子；当一直关心着谁亦佩戴有堪配“通灵宝玉”的金饰物的宝钗指出“史大妹妹有一个”时，宝玉顿改初衷，偷偷藏起了金麒麟。细心的宝钗与黛玉自然知道是要送与湘云的！她们都关注着事态的发展，——史湘云果然来了，贾宝玉亦果然找机会送与湘云。湘云既至，其时宝玉偏不在。于是劈头问道：“宝哥哥不在家么?”湘云如此直率的毫不掩掩饰的询问宝玉，是令宝钗始料未及的，于是她再次情不自禁的开了一个雅谑，她笑着接嘴就说：“她再不想别人，只想宝兄弟！——两个人好玩笑，这可见还没改了淘气。”（诸本无破折号，此破折号为笔者所加）破折号前的话是她的内心的感受，是一个酸酸的“雅谑”——湘云竟然如此记挂宝玉！破折号后的话，她自己觉得不经意处暴露了自己的内心，于是作欲盖弥彰的补救。由此似见，宝钗的玩笑则有更隐蔽、更文雅的特点，表示出她的气质与修养。

红楼女儿国里的雅谑，不仅在才女小姐之间，还旁及她们的丫头。这里只引第六十二回宝玉生日宴后，小丫鬟斗草的游戏一节，即可窥斑见豹：

> 一时吃毕，大家吃茶闲话，又随便玩笑。外面小螺和香菱，芳官，蕊官，藕官，豆官等四五个人，都满园中顽了一回，大家采了些花草来兜着，坐在花草堆中斗草。这一个说：“我有观音柳。”那一个说：“我有罗汉松。”那一个又说：“我有君子竹。”这一个又说：“我有美人蕉。”这个又说：“我有星星翠。”那个又说：“我有月月红。”这个又说：“我有《牡丹亭》上的牡丹花。”那个又说：“我有《琵琶记》里的枇杷果。”豆官便说：“我有姐妹花。”众人没了，香菱便说：“我有夫妻蕙。”豆官说：“从没听见有个夫妻蕙。”香菱道：“一箭一花为兰，一箭数花为蕙。凡蕙有两枝，上下结花者为兄弟蕙，有并头结花者为夫妻蕙。我这枝并头的，怎么不是？”豆官没的说了，便起身笑道：“依你说，若是这两枝一大一小，就是老子儿子蕙了；若两

枝背面开的，就是仇人蕙了？你汉子去了大半年，你想夫妻了？便扯上蕙也有夫妻，好不害羞！”香菱听了，红了脸，忙要起身拧他，笑骂道：“我把你这个烂了嘴的小蹄子！满嘴里放屁胡说！等我起来打不死你这小蹄子！”豆官见他要勾来，怎容他起来，便忙连身将他压倒。回头笑着央告蕊官等：“你们来，帮着我拧他这张嘴。”两个人滚在草地下。众人拍手笑说：“了不得了，那是一洼子水，可惜污了他的新裙子了。”豆官回头看了一看，果见旁边有一汪积雨，香菱的半扇裙子都污湿了，自己不好意思，忙夺了手跑了。

这可是生活在社会底层的丫鬟们的闺中游戏啊！选择的草名是那样的文雅，“斗草”其实是“斗嘴”，体现着她们的雅洁与敏捷！香菱关于“蕙”的辩说，是那样的从容与雄辩；豆官的引申归谬反驳，又是那样谐趣与充分。

中国有一句贬损丫鬟的话，叫做“婢学夫人”，是说婢是学不像的。本意是地位的高低决定了品位的高低。而本节故事的描写中，丫鬟们的戏谑竟是这样的自如与谐协！《红楼梦》中的丫鬟是超出别的小说中的小姐的。

……

凡此种种，读者不但是趣了，乐了；而且怡了心性，雅了气质。这才是叙写戏谑玩笑的最高境界。回思当今的文坛书海，网上筵畔，“国骂”“黄段”满天飞，宁不感慨！

富贵还乡的感觉

张祝平

楚汉相争，项羽因何而败？诸说纷纭，依我看来他败就败在跟着感觉走，其中追求富贵还乡的感觉是其致命的一击。

《史记·项羽本纪》中有这样一段记载颇值玩味：

> 居数日，项羽引兵西屠咸阳，杀秦降王子婴，烧秦宫室，火三月不灭，收其货宝妇女而东。人或说项王曰："关中阻山河四塞，地肥饶，可都以霸。"项王见秦宫室皆以烧残破，又心怀思欲东归，曰："富贵不归故乡，如衣绣夜行，谁知之者！"说者曰："人言楚人沐猴而冠耳，果然。"项王闻之，烹说者。

在这里除了记载项羽攻入咸阳烧杀抢掠，一纵其暴虐之欲外，还写了他"心怀思欲东归"的想法，他说"富贵不归故乡，如衣绣夜行，谁知之者！"奇怪，一旦坐了江山，天下富贵都是你的，天下臣民都知道你项羽，为啥江山还未坐稳就非要急于东归回乡呢？要想解答这个问题，我们不妨先看一下《战国策·苏秦始将连横》中对早于项羽一百多年的苏秦富贵前后境遇的描写吧：

> 说秦王书十上，而说不行。黑貂之裘弊，黄金百镒尽。资用乏绝，去秦而归。羸縢履蹻，负书担橐，形容枯槁，面目黎黑，状有愧色。归至家，妻不下纴，嫂不为炊，父母不与言。苏秦喟叹曰：“妻不以我为夫，嫂不以我为叔，父母不以我为子，是皆秦之罪也！”
>
> 将说楚王，路过洛阳。父母闻之，清宫除道，张乐设饮，郊迎三十里。妻侧目而视，倾耳而听；嫂蛇行匍伏，四拜自跪而谢。苏秦曰：“嫂何前倨而后卑也？”嫂曰：“以季子之位尊而多金。”苏秦曰：“嗟乎！贫穷则父母不子，富贵则亲戚畏惧。人在世上，势位富贵，盖可忽乎哉！”

在这里史家用对比的手法铺排夸饰苏秦成败的荣耀和尴尬。渲染其游说败归时潦倒狼狈及富贵还乡时得意忘形的情形，家人世人的前倨后恭、冷暖炎凉交相映衬。在写到苏秦富贵还乡时最有意思的不是写他老婆“侧目而视，倾耳而听”（估计这黄脸婆立马会被苏秦踹了），也不是写他嫂子“蛇行匍伏，四拜自跪”（比起妻的不下纴不理他来说，嫂的不为炊不给他吃饭更恶劣，所以这时嫂表现得最卑微），而是父母、妻、嫂都是前倨而后恭，为何不问父母、妻子，而独问嫂呢？要想回答这个问题，我们不妨再回到《史记·高祖本纪》来看一下刘邦当皇帝后是怎么问他父亲的吧：

> 九年，高祖大朝诸侯群臣，置酒未央前殿。上奉玉卮，起为太上皇寿，曰："始大人尝以臣无赖，不能治产业，不如仲力。今某之业所就与仲力孰多？"群臣皆称万岁，大为笑乐。

汉高祖刘邦年少时不务正业，常被父亲批评，怪他不如其哥，而今自己得了天下，而借祝寿之名再让父亲来回答自己和哥哥比究竟谁更有能耐，这一军将的其父哑口无言，窘态可想而知。在"群臣皆称万岁，大为笑乐"的气氛中，刘邦的感觉一定很不错。与刘邦一样，苏秦不问其妻，是因为其妻随时可弃，不值一问；问其嫂，并逼其嫂说出"以季子之位尊而多金"之话，其实就是在问其哥"如今我比你强吧"，也就是在问其父母"我如今比我哥强吧。"

通过这几段富贵得意的分析，再来看项羽急于回乡的原因就迎刃而解了，正所谓"贫穷则父母不子，富贵则亲戚畏惧"，其实富贵还乡就是想通过看着自己长大的家人和乡邻态度的变化来前后对比，印证自己过去和现在的失败和成功。这种印证的反差使得自己的心理得到极大的满足。

而天下臣民只能看到自己当皇帝的现在，却不能真切了解自己的过去，这种印证的心理满足只能在故乡得到。这就是富贵还乡的感觉。只可惜项羽追求这种感觉过于心急了，江山还未坐实就急欲东归，把关中拱手让给了刘邦，结果是江东父老无颜见，头颅已归吕马童。项羽此人学书不成，学剑又不成，学万人敌又不肯竟学，鸿门释敌，霸王别姬，“为诸君溃围，斩将，刈旗”，不肯过江东，马送亭长，头送故人（吕马童原为项羽麾下，后投靠刘邦，最后引兵追杀项羽，项羽临死前还念故人情把头给他封赏），观其一生所作所为不务实际，徒好虚名，一直在跟着感觉走。

唐人胡曾一首咏史诗《长安》正是点破项羽东归追求富贵还乡的感觉是其由胜转败的关键：

关东新破项王归，赤帜悠扬日月旗。
从此汉家无敌国，争教彭越受诛夷。

项羽的对手刘邦在消灭项羽，平定天下，建立大汉之后，使百姓得以生息，民心得以凝聚，国家得以巩固。立国十二年，平定淮南王英布后方才回乡：

> 高祖回归，过沛，留。置酒沛宫，悉召故人父老子弟佐酒，发沛中儿得百二十人，教之歌。酒酣，高祖击筑，自为歌诗曰：“大风起兮云飞扬，威加海内兮归故乡，安得猛士兮守四方！”令儿皆和习之。高祖乃起舞，慷慨伤怀，泣数行下。（《史记·高祖本纪》）

在风起云涌中所向披靡，威加海内而荣归故里，刘邦的感觉是自豪超拔的，但他并未跟着感觉走，仍于一番醉时留一番清醒，深知打江山难，守江山更难，慷慨起舞，伤怀泣下，真乃英雄本色。

元代睢景臣《哨遍·高祖还乡》以一个乡里小人的眼光和心理来自作揣摩，算斤算两，嘲弄高祖还乡，尽情调侃，自以为得计，实则是以小人之心度君子之腹，乃泼皮牛二象皮阿三之所为。

唐人李商隐、胡曾用咏史诗对项羽与刘邦富贵还乡进行比较，对两者有非常公允的评价，兹抄录于下，以作文结：

题汉祖庙

李商隐

乘运应须宅八荒，男儿安在恋池隍。
君王自起新丰后，项羽何曾在故乡。

沛宫

胡　曾

汉高辛苦事干戈，帝业兴隆俊杰多。
犹恨四方无壮士，还乡悲唱大风歌。

也谈"猛虎嗅蔷薇"

张祝平

一次进入网络聊天室听谈话题，话题是："男怕入错行，女怕嫁错郎"，房间规定必须是一男一女搭配谈。房间管理为一个网名叫"雨雪霏霏"的女性配了一位叫"猛虎嗅蔷薇"搭档，那管理认为取猛虎做网名的肯定是位须眉，谁知那猛虎一开口竟是一位女郎，管理只好把她拉下来，结果引发了一场纷争。

其实，"猛虎嗅蔷薇"来自于英国现代诗人西格夫里·萨松写的名句："In me the tiger sniffe the rose."余光中先生1952年在《猛虎与蔷薇》一文中将其译为："我心里有猛虎在细嗅蔷薇。"

余光中先生对此句有比较精彩的阐释：

> 我说这行诗是象征诗派的代表，因为它具体而又微妙地表现出许多哲学家所无法说清的话；它表现出人性里两种相对的本质，但同时更表现出那两种相对

的本质的调和。……因为猛虎象征人性的一方面，蔷薇象征人性的另一面，而“细嗅”刚刚象征着两者的关系，两者的调和与统一。

原来人性含有两面：其一是男性的，其一是女性的；其一如苍鹰，如飞瀑，如怒马；其一如夜莺，如静池，如驯羊。……所谓“金刚怒目，菩萨低眉”，所谓“静如处女，动如脱兔”，所谓“骏马秋风冀北，杏花春雨江南”，所谓“杨柳岸，晓风残月”和“大江东去”，一句话，姚姬传所谓的阳刚和阴柔，都无非是这两种气质的注脚。

诚然，正如余先生所说任何人性里都有两种相对的本质，猛虎象征着人性另一方面，而蔷薇又象征着人性另一方面。而在我看来猛虎自身也有刚与柔的两方面，而这幅画其实强调的是它柔的一面。“细嗅”就体现了猛虎之柔，如果将蔷薇换成虎崽，“猛虎嗅虎崽”也足以见其柔情。而猛虎嗅蔷薇这个意境，用来表述爱之温柔与细腻再贴切不过，本来咆哮风生的猛虎变得蹑手蹑脚，小心翼翼地去接近绝美，生怕惊落了花蕊上的花露。猛虎是动，蔷薇是静，其中猛虎是主导，而猛虎采用接近蔷薇的方式恰恰是“细嗅”，也即静柔的方式。猛虎之猛只是表现在外形，而其行为却是极其轻柔的。猛虎之所以能这样，是因为它心中有爱；为何有爱，是因为蔷薇之美打动了它。这幅画面不在于强调它的两极对立，而在于展示它的密切关联以及和谐，这就表现出强力与柔美的和谐统一。

余先生还举到另一幅画来与这幅画比较：

> 我不禁想起法国现代画家昂利·卢梭（Henri Rousseau，1844—1910）的杰作“沉睡的吉普赛人”。假使卢梭当日所画的不是雄狮逼视着梦中的浪子，而是猛虎在细嗅含苞的蔷薇，我相信，这幅画同样会成为杰作。

其实，无论是“沉睡的吉普赛人”还是“猛虎嗅蔷薇”，这两幅画之所以引人关注，就在于把雄狮和梦中浪子、猛虎与蔷薇置于同一时空的画面中，使人提心吊胆，使人惊惧屏息。可见同一时空是必要的前提。如果我们拿这个标准去衡量，就会发现余光中先生所举的例证其实都是两幅不同时空画面的拼凑，如所谓“静如处女，动如脱兔”，所谓“骏马秋风冀北，杏花春雨江南”，所谓“杨柳岸，晓风残月”和“大江东去”。勉强可以放在同一时空的就只有“金刚怒目，菩萨低眉”这幅画面，泥塑木胎的金刚始终是怒目的表情，而菩萨也总是慈眉善目的样子，虽然在一幅画中，但各有各的心情，因而也各做各的表情。两者之间并没有必然的联系，更没有猛虎嗅蔷薇那样密切的关联。

在中国古代能把两极相对的事物却偏偏糅合在同一时空中的画面，以我浅见要数民间常说的“好花插在牛屎上”了。文人最早表述这个意思的恐怕就是那个《世说新语》中与王恺斗富的石崇，他曾写过《王明君辞》，以王昭君自述的口吻说自己嫁到匈奴境况是：“昔为匣中玉，今为粪上英。”也就是“好花插在牛屎上”。后来这个意思又被古代小说演化成“骏马每驮呆汉走，美女常伴拙夫眠”，当西门庆大官人听王婆说潘金莲的丈夫是三寸丁、谷树皮的武大郎时大声叫屈：“好一块羊肉怎生掉在狗嘴里。”这类画面是要突出美与丑极不和谐的组合。至于说这类画面反映了穷酸文人看到好花美女和与之不般配者凑合在一块时在一旁为之扼腕叹息，吃不着葡萄称酸的心态，以及“正因为牛屎的养分才使好花更艳”等等说法都是强作解释的题外话了。

由此可见，像猛虎嗅蔷薇那样对立而又和谐统一的画境在中国文人笔下是很少见的。酸溜溜的文人是没有想象力与创造力的。

韩剧的两面

周建忠

我看电视分为三部曲：年轻时为了事业，几乎不看电视；中年时，喜欢枪战片、武打片；知天命之后，习惯看连续剧。

最近两年，夜里11时左右开始看电视，正好央视八套“海外剧场”符合这一时段，10点开始，两集，12时休息；三集，近1点结束。我断断续续收看的有韩剧、日剧，还有印度、意大利、德国的，但以韩剧为主，记得清晰的有《大长今》、《人鱼小姐》、《玫瑰人生》、《乞丐王子》、《青青草》、《可爱的你》，《旋转木马》刚看完。

韩剧还是有看点的，说韩剧一点意思也没有，显然违背实际；但认为韩剧很完美，符合中国的文化背景与文化传统，则有些夸大。事实上，韩剧的市场，正源于它的两面。

第一，励志。A：主角通常是一些小人物或下层人物，或本来贫穷低下，或富贵之家发生重大变故而跌落社会底层，但是不畏生活的苦难，通过自己的努力，最终获得成功或幸福，过程很坎坷，追求很执著，展示的心灵很美。B：人为制造矛盾，常常将门当户对的恋爱对象活活拆散，插进一个穷小伙或穷姑娘。主人公能量太大，再大的困难也能战胜，个人英雄主义色彩很浓，理想化。

第二，剧情。A：结构清楚，线索明了，矛盾设置基本属于“人民内部矛盾”，没有特别的坏人，即使有，也就是一个人好心做坏事，或者有不得已的苦衷，进而通过剧情让他（她）改变。清新、清纯、儒雅，是主导风格。余秋雨就提倡国人多看点韩剧，认为韩剧可以陶冶情操，净化心灵。而老是让年轻人看清史系列，心计太重，溺于权谋。B：过于美化生活，将复杂生活简单化、理想化，回避生活的艰辛与残酷，不利于观众面对生活的真实。

第三，美艳。A：服饰穿着很美很时尚，几个主角不仅是帅哥靓女，而且穿着华美，一剧之中，几乎穿遍各种流行服装，场景美艳。B：变换服装过于频繁，有点模特味，有时与人物的心情处境不一定吻合，有喧宾夺主之弊，模糊了情节与爱憎。

第四，礼仪。A：重视伦理道德，人物之间讲究礼仪分寸，尊老爱幼，彬彬有礼，呼唤起人们对传统对历史的回望与眷恋。B：大部分韩剧封建意识浓厚，包括男尊女卑，大男子主义，家长独裁，一个父亲，一个婆婆，就可以搅得天下大乱，数家不宁。儿女的婚姻，一定要得到长辈的认可，如果男女双方有一人反对，也会造成爱情悲剧，这是非常落后的观念，不值得提倡。令人不能接受的是，韩剧不讲究传统礼仪关于辈分的原则，让小姑娘与大叔谈恋爱并结婚，外公可以与姑姑约会恋爱，有悖人伦。

第五，情感。A：擅长煽情，一段普通平常的恋情，也能一波三折，险象环生，也有悲欢离合，大起大落，加上演员表演细腻，不厌其烦，伴以流泪特写以及以悲伤为基调的插曲，扣人心弦。B：每每渲染到做作失真的地步，动辄流泪，流泪镜头太多，而且没有主角不流泪的，每人都是数十次以上，流泪时十有八九有插曲，流于俗套。

第六，语言。A：语言精致雅丽，干净浅近，加上央视配音专业，亲切准确，与人物情节环境和谐协调，堪称一绝。我曾在网上浏览或下载一些漏看的内容情节，结果这些华语翻译实在太差了，土气质朴，缺少情致，消解破坏了韩剧的美。B：央视八套用一个配音班子配多部韩剧，搞得观众心理上角色定位混乱，人物交错，乃至于数部一腔，模糊个性。

第七，结构。A：适合休闲放松，打发时光。因为情节简单，人物有限，往往一对男女加上“三角恋”以及家人展开，如《可爱的你》，仁英 VS 基俊、在民；基俊 VS 希珠、仁英；仁哲 VS 善美、美贞等。尽管一百多集，只要几个场景，几个主要人物，制作成本不会太高，经济效益颇高。B：剧情冗长，进展拖沓，一件事，一句话，常常一个人一个人、一家一家重复过去，如果几集不看、几天不看，也不影响内容上的理解。通过“电话接听”的方式推进故事，频繁重复，智商层次不高，看电视剧，几乎不动脑筋，一些对白观众可以信口猜出，所以有专家称，如果长期看韩剧，会智力下降，变笨——恐怕也不是故作惊人之论。

毋庸讳言，韩剧最大的不足（岂止是不足，应为缺憾和缺陷）是在情节结构方面为了设定的男女主人公的悲欢离合，离离合合，往往人为地制造矛盾冲突，如《可爱的你》写基俊在小学同学聚会时与仁英一见钟情，将热恋中的希珠抛弃；因为仁英没有生育，被妈妈所逼离婚——希珠进而与基俊结婚，仁英与在民即将结婚；结果由于仁英的意外怀孕，希珠与基俊离婚，在民放弃婚姻，仁英再次回到基俊身边——尽管有情人终成眷属，但一点也不令人感动，剧作者让男女二人一会儿离，一会儿合，将婚姻大事视同儿戏，削弱了婚姻的严肃性和主要人物的人格水准。同时造成情节发展生硬，人物性格破裂。清纯的仁英变得不通人情，违背常理，可恶可悲；美丽能干的希珠、忠实干练的在民成为爱情婚姻的牺牲品；而男主人公基俊则为情所困，又用情不专，对爱情婚姻缺少稳定性与责任感——这是《可爱的你》最大的败笔。

《旋转木马》在情节结构上大大优于《可爱的你》。乔恩娇、珍娇二姐妹由于父亲破产家庭变故，在上小学阶段母亲跳海自杀，父亲再娶之后在恩娇高考时出车祸去世，继母赌博骗钱逃跑，赌友夺走住房，姐妹俩生活无着，流落街头，一步一步跌落在社会的底层，揭示了生活的真实与残酷。其次，恩娇二姐妹怀孕之后，一下子将剧情推到五年之后，展现婚姻的“七年之痒”，写出二姐妹婚后生活的新矛盾，有一定的生活深度与现实意义。但剧作者写恩娇与三个男人（朴成彪、姜宇燮、全秀衡）的爱情纠葛，尽管也多方交代了与朴成彪、姜宇燮分手的原因，也写出了与全秀衡结合的痛苦与真情，但整个剧情不断使我们感到：恩娇是一个忘恩负义（朴成彪）、只能共富贵不能共患难（姜宇燮）、利用婚姻阶梯进入社会顶层（全秀衡）的、而且脾气很大动辄训人的坏女子。只有娇弱、智商不高、读书不认真、善良淳朴的珍娇，忠于爱情、关爱丈夫、经营家庭，值得欣赏——即使张瑞希主演恩娇这一角色，也不能掩盖《旋转木马》情节结构上的缺陷以及主题上的分裂与错位。

如果从主题、艺术、美学、结构方面考虑，我将看到的连续剧分为三个层次：A：日本电视剧《冷暖人间》、我国热播剧《金婚》、《双面胶》；B：韩剧；C：印度电视剧《奇迹》、《四女奇缘》。

当然，这么认真地探究，就失去了看韩剧的味道。看韩剧，只需大概看看，不应该动太多脑筋，这个功效已经足够了——因为生活中这一需要的群体不会太小。

我相信，央视八套“海外剧场”应该继续播放韩剧，我还会在深夜收看韩剧的。

2008年10月3日

“拯救”感言（二则）

丁富生

看《辛德勒的名单》

1993年，美国著名导演斯皮尔伯格带领《辛德勒的名单》的摄制组抵达波兰，准备跨进二战期间克拉科夫集中营准备安营扎寨时，突然收到全美犹太人协会发来的急电：“请勿惊扰亡魂，让他们安息吧。”斯皮尔伯格读完这寥寥数语的电文，一言不发。当即下令摄制组全体人员撤离集中营，转移到几十公里以外，搭置布景拍摄。与此同时，他独自一人离开了摄制组，乘飞机亲赴纽约向“犹协”致歉，他的谦逊和诚意令“犹协”全体成员无不动容。后来国际影评界交口赞誉《辛德勒的名单》是“一位充满人道主义精神的导演拍摄的一部洋溢人道主义气息的电影”。

“一根火柴点燃了一根蜡烛，在一段赞美诗过后，蜡烛最终熄灭”——这就是著名影片《辛德勒的名单》的开头。影片为我们讲述的是一个真实的故事。

辛德勒作为故事主人公，他的一生没有在影片里完全展开，但最为全面而重要的部分在战争这一放大镜下，我们已经看到了。历史背景之下，辛德勒是作为一个商人出现，进而他是一个纳粹党员。当然，他信不信国家社会主义不重要，重要的是在影片开始的酒会上，他突出地表明了一个投机分子的作风。他对犹太人没有什么感情，在历史机遇到来时，他敏锐地抓住了机遇，发了战争财，他巧妙地榨取了犹太人的血汗。

但是，“Today is history”的那一天，辛德勒出现在山顶上是一次偶然，德国党卫军不仅仅在对犹太人进行暴行，也是在对那象征的是整个人类，乃至德国人自己。理由也就是所谓的辩证思维。辛德勒心灵的重创和他妻子的惊恐很好地证明了这一点。那一刻，辛德勒开始重生，也就所谓一念天堂，一念地狱。

辛德勒开始时并不是位英雄，为什么最后他成了一名英雄，影片并未作出解答——所表现的只是他的行为。斯皮尔伯格动用了一个小小的具有象征含义的效果陪衬：

在清洗克拉科夫犹太人居住区时，辛德勒在挥舞棍棒、疯狂扫射的冲锋队和被驱赶的犹太人之间看见了一个穿行于暴行和屠杀而几乎未受到伤害的穿红衣服的小女孩。这情景使辛德勒受到极大的震动。斯皮尔伯格将女孩处理成全片转变的关键人物，在黑白摄影的画面中，只有这小女孩用红色。在辛德勒眼里，小女孩是黑白色调的整个屠杀场面的亮点——后来女孩子又一次出现——她躺在一辆运尸车上正被送往焚尸炉。

自此，辛德勒找回了自己的灵魂，在那个年代里，还需要做一个人。

从那以后，主人公辛德勒踏上了艰难的救人之旅。为了救助犹太人，他千辛万苦想尽了办法来与德军纠缠，最后通过一份工厂工人的名单而拯救了一千一百个犹太人的生命。

“拯救一人，即拯救全世界!”救命的意义不是在于救命的行为，而是带来的心灵净化，拯救他人的同时，首先拯救的是自己。

一部好的电影，很难以达到像《辛德勒的名单》这样简直令人无法挑剔的完美。应该这样说，它的存在是一种电影的永恒，是人性的赞歌。奥斯卡金像奖，只能作为它一个褪色的陪衬。

又看《肖申克的救赎》

非常喜欢《肖申克的救赎》这部影片，曾有一度认为《肖》和《越狱》是同类型影片，但重温这部经典以后我发现我错了。后者注重的是越狱的这一行动，而前者注重的却是对自我的救赎，除了身体上的，更是心灵上的。

年轻有为的银行家 Andy，蒙冤入狱，被判终身监禁。他要面对的不仅仅是恶劣环境，还有凶恶的人性，更有内心的痛楚和监狱里变态体制对人性的控制与左右。就像瑞得说的："first you hate them，then，you get used to it，enough time passes…you get so，you depended on them，that is institutionalized."（起初，你讨厌它，然后逐渐地习惯它，足够的时间后，你开始依照它，这就是体制化）。

可Andy是个智者，他不愿意屈就于这样的认命，他需要的是自由，他对这样的自由怀着强烈的希望。而最终，他又用他那坚韧的毅力和信念，用一把小锤子，挖开了一条通向高墙外自由的世界的通道，他在救赎狱中那些"无望的人"对自由的信仰同时，也救赎了自己，虽然用了二十年……

世上有些东西，是石墙关不住的。在人的内心，有他们管不到的东西，完全属于你。

世上有一种鸟，是永远也关不住的，因为它的羽毛太光辉了，当它飞走，你会由衷祝贺它获得自由，并且感到把他关起来是一种罪恶。

自由是什么？自由就是能在阳光下悠闲自得地呼吸。对于我们而言，它就像空气，平常得让你根本不去想失去它会怎样，但是自由对于那些高墙内的囚徒，尤其是那些注定一辈子都要待在那里的人们又是多么珍贵而又遥不可及。安迪最后逃出鲨堡监狱，是什么实现了对他的救赎？是他心中对自由的渴望，是希望的存在！

相当有营养的一部电影，灯光、布景、画面、音乐、剪辑、美术都很完美。可惜当年生不逢时，碰上《阿甘正传》这等强片，……

第七编

学林书话

姜光斗的“人”“文”权衡

王志清

但愿是戏言，姜光斗先生要我写序，而看他的表情却很是正色。不久便收到了他发来的诗文稿。我深知姜先生其人，历来心口一致。看来真是推脱不了的，恭敬不如从命，师命难违。

无论如何我是不配给姜先生作序的。姜先生乃前辈学者，无论是学养，还是为人，均堪为我师，虽未得其亲授，我还是认真视之为师的。

与姜先生处，绝对无须提防他暗中使坏，相反，往往你会受到他的暗中保护，暗中成全。20世纪末，南通师专升格师范学院，人才青黄不接，学院四出招兵买马，在几次进言献策会上，姜先生美言我许多。于是，不才的我也成为人才，被刘一平院长约见，且邀来共谋发展大业。这还是听人家传的，姜先生没有亲口在我面前“摆功”。而我的王维研究才刚刚起步，姜先生就在台湾发表文章，其中又美言我许多。记得第一次参加王维研讨会还是姜先生领我去的，会议上我举目无相识，而姜先生则左右逢熟谙，且多在人前人后美言我许多。如今，姜先生欲我序书，还实在不能当真以为自己在学术上有了点什么，这肯定又是他在给我机会哟。

我常常自责自怨，怨自己的审美不能那么纯粹，审美中常常有“善”的干扰。为了寻找学理依据，还专门撰写了一部叫着《中国诗学德本精神研究》的书。因此，我的评论，我评论的对象，我评论的侧重，多在“德”与“品”之上。为姜先生作序，正好在这方面可以多说点了。

评论姜先生的诗文，最合适用“知人论世”的方法。以现代意义观，这种研究属于文学社会学的研究方法。“知人论世”的理论命题，最早见于《孟子·万章下》。孟子“知人论世”的原意，乃“尚友”目的。即通过阅读古人的诗书而达到与古人为友的精神交流，而实现通透和评判社会政治的道德意义。后人将目的转移到“颂其诗，读其书”的古典文学研究本身，“知人论世”便成为重要的研究手段，成为一个文学阐释、文学研究的基本范式，并形成了中国古代文学研究的一种源远流长的传统。刘熙载在《艺概·诗概》中便说：“颂其诗，贵知其人。”鲁迅在《且介亭杂文二集·题未定》中更是强调：“我总以为倘要论文，最好是顾及全篇，并且顾其作者的全人，以及他所处的社会状态，这才较为确凿。”这种“知人论世”的解读方法，体现了儒家说诗的道德立场。中国人历来讲究道德、文章并称，追求文品与人品的高尚统一。作为揭示心路历程的一种精神产品，自然需要遵从文如其人的和谐与统一，特别是在文伪其人与人辱其文者多起来了的时候。

笔者以为，写序，最合适以“知人论世”的方法，而且经历的是双向逆反的循环阐释的全过程：由先“知其人”，而后才“颂其诗，读其书”；再经由“颂其诗，读其书”，于是更加“知其人”。不管是前者还是后者，均遵循一条作者、作品相一致的原则。戊子年，我编散文集《文心雕虫》(后由齐鲁书社 2008 年出版)，姜先生散文的风格特点，我在书的后记中已经评论。如今他又将其多年来的诗词创作整理成集，名之为《雪泥鸿爪集》，取苏东坡《和子由渑池怀旧》中的诗意，意谓以诗词记录了一些他的人生轨迹。姜先生年已七十有五，然其能饭、能酒、能歌、能舞，且能著书立说，其诗词自然丰富多彩了。

我与姜先生的工作性质相同，主要是与王维李白杜甫打交道；我与姜先生不同的是，他不单纯是个教书匠，做过中文系的一把手，又曾兼职市政协副主席十五年。因此，他的社会责任感便尤其强烈，关心时事，关注民生，贴近社会现实，其诗也相对比较多地注重“政治”，以诗词来歌颂党建，赞美军队，写真一些比较重要的社会活动，让我们从中读出社会的状貌与历史的变迁，读出他个人与现实和历史之间的联系。他的《一剪梅·市八届政协一次会议剪彩》两首其一写道：“三九偏逢春意饶，堂上灯摇，厅上人潮。热情参政逐浪高，风也飘飘，雨也悄悄。恰似云帆破巨涛，话语滔滔，心绪陶陶。跨越世纪快步跑，路虽迢迢，志却峤峤!”虽为政治事件，却也意象丰满，诗意融融。

但是，又因为姜先生本质上是个学者，是个诗人，他热爱生活，纵情山水，多有触景生情之激发，或凭吊怀古，或赠酢唱和，或追忆故旧，或喜话衷肠，以真情实感动人，其写作于1983年的《破阵子・重九与紫琅吟社诸公集会赋诗》咏云：“空际白云自在，世间诸事难全。何必脍鲈莼羹味，浪迹浮萍亦团圆，人生如乘船。重九对菊把酒，付予歌笑琴弦。一刻偷闲如得意，数纪奔忙了夙缘，岂望美名传?”此中蕴含着诗人的人生哲思，引发人对人情事理、时风世俗的人生思考。

因此，姜先生的诗是学者之诗而非政治家之诗。如果说其正直坦言的品格造就了社会本位的文艺观，那么严肃的社会责任感和自觉的历史使命感则形成了他文学担当的品格。姜先生的诗词，语言流畅，文态亲和，纯任天然，不事雕琢，让我联想到唐代诗人中的元结和张籍。其《雪泥鸿爪集》中几乎没有正宗五律、七律，而多古体，韵也自由，旁近通押，且多单行独进，言尽则止，不必足凑，也不拘限格律，或即景抒情，或借物言志，或直抒胸襟。这并不意味其淡化了审美感受，更不是忽略文本独具的审美特性。比较而言，姜先生的词比诗还要活泼，质朴平实而真情流露，仿佛率性之人，似乎自由之身，这种形式的追求给读者一种做人处事的提示：真诚做人、坦荡生活、自由散淡。

传统的审美阅读，倡导“批文以入情”，“觇文辄见其心”，其实，这正是“知人论世”的逆向阐释的过程和结果。陈寅恪先生“诗文证史”，其研究方法独树一帜，笔者创语为“诗文证心”，即将诗文当作史料，作为中介，以考辨和实证作者的生平经历、性情品格，可知姜先生其人、可考其所处之世，而可“尚友”矣。

此非序也，乃“尚友”姜先生而颂读其心迹焉。

2009 年 1 月 16 日

王美春：心灵的回声

周建忠

一

汶川地震，举国震惊：抗震救灾，众志成城！

——其中也有我微薄的一份：捐款N次，在公益场所、在单位、在新村、在会议。

汶川地震，人人关注：电视收视率、网络点击率，创历史之最。

——其中就有我的一份，我关心四个数据：死亡人数、进入灾区救助人数、救出人数、各色人等捐款数。

有太多的新闻、有太多的感动、有太多的震撼、有太多的反思：

坚持、渴望；关怀、参与；牺牲、奉献；检阅、展示……

——每一个关键词，都可以讲它几天几夜，都可以在电视上做几个专题，在报纸写几个专版。

在这种大环境、宏观氛围之中，一个不起眼，被现代化冷落多年、被商品经济挤压得边缘化、几乎不为大部分人所关心的领域——诗歌，居然也异峰突起，空前高涨，其繁荣热烈的程度，简直难以描绘，难以评判，难以诠释！华兹华斯就说过，诗起于在沉静中回味过来的情绪。

但是，大灾大难面前，很多现象不是用常理所能解释的，不管你是否理解、是否承认：一个专用词汇出现了，一个专门创作门类形成了，一个专题研究领域产生了——"汶川地震诗歌"。

余光中说过，诗，是一切艺术的入场券。

是的，汶川地震诗歌，它不过是人类情感的一种强烈的、生命化了的表现！

因为朗吉努斯说过，最高远的情调莫过于真挚的情感，只要用得其所，它会以一种狂热的激情喷涌而出。崇高的风格是一颗伟大心灵的回声。

汶川地震诗歌，是表达，是交流，是桥梁，是记忆，是生命的见证，是时代的见证，是历史的见证。

二

令我不可思议的是，美春师弟是一个比较理性的学者型的公务员，他的诗歌鉴赏与研究著作，颇有思想深度与理性层次，我为其中的两种写过序。至于美春其人，不是诗性的、小资的、幻想的、浪漫的，他宽厚、本分、谦和、内敛，不慌不忙，身上充满书卷气、书生气、学究气，而且远离股市焦虑、生意算计、官场谋略、世俗红尘。我常常觉得，他与这个时代的时尚潮流前沿当下，是有一定的距离的，他讲究内涵，有自己独特的追求。

但就是汶川地震，改变了美春，或者说美春发生了难以想象的变化：他写出了热情洋溢的诗，迅速成为一个受到人们关注的诗人。

——大大超过了我的预料！

更有甚者：他全力以赴，夜以继日，完成了国内第一本评论汶川地震诗歌的个人专著。气魄宏伟，驾驭从容，分类自然，娓娓道来。

真的要对他刮目相看了。

地震，改变了我们每一个人。

地震，大大改变了美春。

三

显然，汶川地震诗歌、汶川地震诗歌研究，仅仅是汶川地震之后发生的一件小事、一个视角、一种现象、一种走向。

事实上，如果一个国家突然爆发重大的事件：地震、海啸、瘟疫、战争。人们在震惊之余，就会迅速爆发出很多自发的行动与思想：人道主义、集体主义、无私奉献、舍己救人、凝聚力，甚至与国界、民族、语言、历史无关。

可以肯定，这些思想、美德，是人类天性中客观存在的一个重要组成部分，尽管有政府号召、意识形态引导，但在和平平静的社会或阶段，往往会深深隐藏或部分遮蔽，相反其他一些有明显缺陷的思想性格会反映出来，比如自私自利、斤斤计较、缺少集体观念、讨价还价、效率不高等等。

于是，地震之后——

灾民在抗争

英雄在救援

群众在出力

诗人在吟诵

哲人在思考

——如何将这部分平时被隐藏遮蔽的美德善行，发扬光大，全面释放，形成长效机制，构成常态风貌？

从这个角度来看，诗歌也做出了伟大的贡献：

诗歌，是描述、是记载。

诗歌，是呐喊、是预言。

诗歌，是召唤、是感悟。

诗歌，是反思、是升华。

雪莱指出，诗是生活的惟妙惟肖的意象，表现了它的永恒真实。一个史诗故事犹如一面镜子，模糊而且歪曲了本应是美的对象；诗歌也是一面镜子，但它把被歪曲了的对象化为美。

看来，关于汶川地震，关于汶川地震诗歌，我们的思考才刚刚开始。

只不过，美春，捷足先登。

我相信，美春会继续研究，做出系列成果来。

2008 年 10 月 17 日

注：此著由陕西人民出版社 2009 年 1 月出版

先专一端而容众长

徐乃为

备，所以平；平，所以变；变，所以新。李德荣先生之于书法，余见之矣。

十年前，始识德荣先生。叹其楷之工，隶之稳，而行之秀也。乃知其根基秦汉，出入晋唐，为传统一路。不才门外客也，但知写字，少知书法；粗识美丑，难识风骨。而德荣先生之书法，既讲笔画之美，复求间架之谐；篇存气势之结，字有参差之化。不才亦授业解惑者，是以私许德荣先生之字也。

今德荣先生回顾半生，选旧遴新，枳幅成帙，煌然大观。竟降阶而问序于不才者，先自惶然以惧，继则悚然而惊。——士别三日，固当刮目以视；而其变之速、变之巨、变之奇以达如此境界者，则实所罕见者也！然若细审之，则所循规正，承而不失于板；所逾矩旧，变而因得于新。瞻其前后，判若两人；别其左右，自成一家。

褚遂良早时方正古朴，中年宽博刚健，晚岁疏朗空灵，此说书家之至老有进；何绍基则早时只专唐帖，中年独宝魏碑，晚岁偏钟秦篆，此说书家之至老可变；张謇先生逝世前一月，犹“临怀素四十二章经草书”，此说书法乃毕生之事业。德荣先生方当盛年，此处比之古圣前贤，自有不妥者。而其承之能笃，练之多思，汇而求变，化而出新，临池五十年，厚积而蜕变，则正是其相类处也，而随心所欲，当亦不远矣。

清季扬州学派之治学经验，曰博、曰专、曰通，谓博乃学之底基，无博无以言专与通；而若无一者之专，便难有数者之通。书艺亦与之相近者也，有篆、隶、楷、行、草沉之于底，先专其于一端，遂容之于众长，宁愁不通变而达新境乎？

外行歪说，隔靴搔痒，幸方家教之。是为序。

戊子年冬

注：此为《李德荣先生书法作品集》序

痴情侯方域

王树林

我的老家在商丘古城西二十五里的吴楼村，村东五里是个名叫水池铺的小集镇，早在明末的天启、崇祯间，官至南京国子监祭酒的侯恪被阉党迫害，落职闲居于此，自署曰“遂园”。侯恪病逝后，亦葬于此。明亡后其第三子侯方岩在此建据梧堂，因周围陂水环绕，时人又名“水墅”。上世纪60年代初，侯恪墓虽已被毁，墓门石马还依稀可见。四周村庄侯氏族人很多，我从小就常听祖辈们讲侯才子（方域）的故事。

我是1977年恢复高招制度后第一届踏入大学校门的，中国古代文学是我大学读书时颇为倾心的一门课程，每读侯方域的《马伶传》、《李姬传》，常使我激动不已，好奇和家乡情结激起我探究侯方域的热情，查阅并积累了一些有关的资料。

1981年元月我被分配到商丘师专（即今商丘师范学院）工作，在图书馆的旧书堆里我发现了三四种不同版本的

《壮悔堂文集》和《四忆堂诗集》，当时如获至宝，激动得夜不成眠。此后的两三年间，及乎将全部的业余时间花在了侯方域及其著作的资料搜集和诗文研读方面，初步校点了全部诗文集，并为部分古文做注。随着工作的深入，深感自己学力的浅薄和学识的不足。1985 年暑假，我带着百万字的文稿回到母校河南大学，首先拜见了教我元明清文学的李春祥教授。李老师热情地接待我，并对我付出的努力给予了肯定和鼓励，我至今回忆起来还心里热乎乎的。李老师介绍说："近年国家对古籍整理研究很重视，河大成立了古籍研究所，由何法周教授负责。我是作古典戏剧研究的，你可以去见见何老师。"何老师教我先秦文学，我在校时选修过他主讲的"韩愈研究"课，还做过他的课代表。何老师平时很严肃，但对学生却很好，听了我的介绍，看了我的书稿，当时就答应指导我将这一工作完成。

1986 年 7 月，《侯方域集笺注》获全国高校古籍整理研究工作委员会批准立项。我先后北上首都，南下南京、上海、苏州、宜兴等地查考资料，常常带上两个馒头走进图书馆，一坐就是一天，虽然很苦，很累，但每当解决一个问题，发现一条新资料，那种快乐和满足感是常人所无法想象的。1988、1989 两年的暑假基本上是在河南大学度过的。河大明伦街家属楼一号楼一单元的四楼，是何老师家三室一厅的老住处，当时他和师母在校内西工字楼住，这处住房暂时闲着，老师就把我安置在这里。室内有老师的藏书，下楼往南不远就是高文先生的三层小楼，书多、师近，确是工作的好地方。1989年冬，我完成了文集的校笺工作；1991年夏，诗集校笺稿杀青。何老师在诗集校笺《后记》中写道："树林是我的学生，他大学毕业后不久，就承担如此百万字以上的课题，深知任重道远，因此他勤于学习，精于钻研，先后参阅资料在千种以上，几乎占去了他十多年来工作之外的全部业余时间。由此看来，出一部学术成果的过程，实际上也就是造就一个人才的过程。"老师的这些话不仅是对我工作的纪实，也道出了恩师培养学生的良苦用心。我记得当时每完成一卷书稿，老师就像批改学生的作业一样认真修改，他那严谨认真、一丝不苟的治学精神，他那追本探源、锲而不舍的执著态度，常使我感动，也使我受益终身。老师已归道山，但他的音容风范永远活在学生的心里。

1992年中州古籍出版社出版了《侯方域集校笺》上册，上册是文集，下册《诗集校笺》因经费困难未能出版。直到2000年，中州古籍出版社才另以《侯方域诗集校笺》的书名刊出问世。一部完整的著作分成两次出版，不仅书名不统一、内容也被肢解。十余年过去了，随着资料的新发现和个人学识的长进，今天重翻旧著，一些标点、校记、注文实在有很多需要重新订正的地方，条目的漏注现象随处可见。这次中华书局出版《壮悔堂全集校注》，它不仅弥补了自己的某些缺憾，也可告慰恩师的在天之灵了。

这次对原稿重新修订，主要内容包括：1. 重新斟酌标点符号，文集中每篇原文做了适当分段。2. 重新比勘不同版本，删去了原处校记琐碎无意义校文。3. 修改注释文，补注了大量漏注条目。4. 吸纳了新的研究成果，重新考订了原诗文年月。5. 补辑有关研究资料，重新编纂了附录。

侯方域是清初古文大家，被当时推为第一。其散文成就，也被近世学人评为在“清初古文三大家”其他两家之上。壮悔堂文和四忆堂诗的整理面世，不仅在中国古典诗文研究中具有重要意义，其保存的历史资料和蕴含的人生睿智，也是今日明清史研究和精神文明建设不可或缺的文献。书稿修订，历时年余，脱手之日，感慨颇多。

2008 年岁末于南通大学

注：是为《壮悔堂全集校注》后记

鲍君《悼亡》序

周建忠

追溯人类漫长历史，男女、生死，为人生不可回避之大事，被世界文学誉为“永恒的题材”，而男女、生死汇合成文者，“悼亡”之作也。

“悼亡”一般是指丈夫对亡妻的悼念，由晋时潘岳《悼亡》诗而得名，此外，元稹《遣悲怀》、李商隐《房中曲》、牛希济《生查子》、苏轼《江城子》、纳兰性德《青衫湿》、郭麐《祝英台近》等，皆属久享盛名之作。此类题材必然超越时间、空间之界限，故英国诗人华兹华斯有《悼露西》六首，彭斯有《给天上的玛丽》两首，美国诗人爱伦·坡有《安娜贝尔·李》，皆广为传诵，演绎出人间之精诚、专一、高尚、悲壮。

侯琢老师转来其舅鲍君哭亡妻健宜诗词二十三首，托为之改。吾阅之，妻亦阅之，默然良久，相对曰：若百年之后，能乎？呜呼，人殁而情深！

鲍君幼年生活坎坷，未获庠序之教，然为情所动，自妻子患癌症之后，即灵感触发，一吐所郁，得二十余篇，“惠我深情酬意轻，报彼心意贵我情”，决非闲适幽雅之徒无病呻吟可比，此种“专注”、“不懈”、“执着”，实为寄托、责任、感情。

然余初不解其苦衷，婉讽其不合词体、词牌、词律，但其表示：“遂素愿，嗤未迁!”是何等深沉，何等崇高，余尚有何言哉！愿以平生所学，助其成而任其情，无奈晚生不才，诗思愚钝，然受其感喟、激奋，亦“不遑谫陋”，大胆删改，力求文质两美。余之忧者，其文似婉，其辞近雅，然其情达之乎？恐难免识者“不伦不类”之訾议也，实以吾之感受、素养助之也，而非加之也，愿识者明鉴。

是为序。

1983年6月5日

附注：

平生读书，喜读《序言》、《后记》，可略知该书之大概。

文人于《序》，必历三种境界：请名人作序；自己写序；为他人写序。

此乃平生第一《序》。

相知方人杰

周建忠

探寻方人杰——新安郡群星璀璨中的一颗小星星。

春节期间，我花了几个下午几个晚上，阅读清代学者方人杰评辑的《楚辞读本》。

关于方人杰，我们能够知道的，实在太少。通过“新安方人杰星渡评辑”一句落款提示，我只能知道：方人杰，字星渡，新安人。——等于没有解释，因为没有新的信息哦。

再查“新安”，倒有几个地方，比较靠谱的，一是新安郡，即徽州；二是新安县，位于河南省洛阳市西部，东接洛阳、孟津，西邻渑池，南交宜阳，北界黄河，与济源市和山西省垣曲县隔黄河相望。县城位于县境南部，东距洛阳市三十公里，其历史可以追溯到秦代。——既然没有太多的证据，我只能从文化认同的角度否了这个地方。

对属于楚文化范围之内的新安郡，我有极大的兴致。明代谢肇淛《五杂俎》卷四比较徽商与晋商的特点：“富室之称雄者，江南则推新安，江北则推山右。新安大贾，鱼盐为业，藏镪有至百万者，其他二三十万则中贾耳。山右或盐或丝，或转贩，或窖粟，其富甚于新安。”这里的“新安”就是“新安郡”，通称徽州，位于皖南徽州，辖安徽省歙县、休宁、黟县、祁门、绩溪和婺源（今属江西省）六县，理学宗师朱熹，朴学先驱戴震，戏剧家汪道昆，数学家汪莱，物理学家郑复光，经济学家王茂荫，国画大师黄宾虹，教育家陶行知，新文化运动领袖胡适，皆诞生于这一风光秀美、人文荟萃的名区，令人神往。既有文化的因素，又有感情上的缘故，我就将方人杰定位于新安古郡，是明清徽文化高度发达的一个小小的组成部分，是新安郡俊采星驰、群星璀璨中的一个被人遗忘的小星星。——没有证据自然不能写成论文，但可以在心理上认同与感悟。

惊叹钱树本——私家刻就经典普及读本。

继而根据“金山钱树本根堂参订”的另一行落款推论，方人杰太幸运了，还有一个朋友，有一个知音：钱树本，字根堂，金山人，为方人杰评辑的《庄子读本》、《楚辞读本》做了参订校勘工作，于乾隆三十七年（1772）合刻为《庄骚读本》。

需要特别说明的是，金山钱氏非常了得。金山，属于今天的上海，后梁开平元年（907），钱定海自杭州迁居前京城；至北宋末，移至金山秦望山西，即今钱圩。这支钱氏，以校刊书籍著闻于世。根据光绪年间《钱氏家刻书目》所载，钱氏刻书自乾隆三十六年至光绪年间从未间断。起首是钱树本（字根堂），刻有《左传》、《公羊传》、《谷梁传》、《国语》、《国策》、《庄骚读本》；钱树堂、钱树立继刻《经余必读》、《醉经楼经验良方》、《保素堂稿》；钱树芝刻《温热病指南集》；钱熙彦、钱熙载刻《春秋阙如编》、《元诗选》、《元史类编》；钱熙辅刻《艺海珠尘》、《壬癸集》、《重学》；钱熙祚刻《守山阁丛书》、《指海》、《珠丛别录》、《素问》、《灵枢》、《胎产秘书》；钱培益刻《货布文字考》；钱培名刻《小万卷丛书》；钱国宝用活字排印杜文澜编的《江南北大营纪事本末》，还刻有《务本义斋算学三种》、《疡科辑要》、《万一权衡》；钱润道、钱润功刻《甲子癸卯王皇简法》、《钱氏家刻书目》十卷。经史子集，无所不有。金山钱家的刊书，在中国出版史上占有重要的地位。

据《金山艺文志》，钱树本校刊了《国语》、《战国策》、《左传》、《庄骚》等古籍，均题名为“读本”，如《左传读本》、《公谷读本》、《国语读本》、《国策读本》、《庄骚读本》，均有刻本。而钱树本校刊的《庄骚读本》，就是采用的方人杰评辑的本子。

《楚辞读本》的魅力——教师讲授学子求知的教材。

尽管网上有拍卖《庄骚读本》一千五百元的广告，但一个严酷的现实，我们不得不面对：内地、台湾、香港、澳门，也就是中国现存楚辞著作中没有《楚辞读本》。

幸有日本学者西村时彦收藏的“楚辞百种”，保存了《楚辞读本》的原貌。“楚辞百种”现藏大阪大学附属图书馆的“怀德堂文库”藏书室，我 2005 年通过繁琐的手续，进入该室，“手批目验”、实地考察，得以一睹原著的风采。鉴于时间有限，又通过日本朋友，重金有偿复印，这样才有可能在自己的书房里，利用春节假期的悠闲，不慌不忙地品鉴了这一著作。

此书封面为《楚辞》，扉页为《楚辞读本》，落款为：新安方人杰星渡评辑、金山钱树本根堂参订。盖有“大阪大学所藏图书印”、“怀德堂图书记”、“大阪大学图书”、“硕园所藏楚辞百种”、“硕园纪念文库”、“天囚书室”、“汉杜草堂”等印，另有两印不清晰。全书没有目录、体例、说明、序跋之类，显然只是提供一个读本，无意于研究论述。据统计，评辑作品有《离骚》、《惜诵》、《涉江》、《哀郢》、《抽思》、《怀沙》、《思美人》、《招魂》(宋玉，下同)、《惜往日》、《橘诵》、《悲回风》、《远游》、《天问》、《九歌》、《东皇太一》、《云中君》、《湘君》、《湘夫人》、《大司命》、《少司命》、《东君》、《河伯》、《山鬼》、《国殇》、《礼魂》、《卜居》、《渔父》、《大招》、《九辩》、《风赋》、《高唐》、《神女》、《惜誓》等，另有贾谊的《吊屈原》、《鹏鸟赋》，庄忌《哀时命》，刘安《招隐士》。关于楚辞作者，仅仅罗列，方人杰没有考述。凡是屈原作品，没有直接注出；而列在宋玉名下的作品，又似乎过多。有些指定还有矛盾，比如《九歌》总评云：“读屈子之全文，曰骚曰游曰问曰卜，盖其无可奈何之意，真有莫知其然而然者，触事兴怀，虽木石犹将扣（和）之，而况洞洞漆漆视听于无形声者乎？岂借题之谓哉。”似乎认为屈原作品有《离骚》、《远游》、《天问》、《卜居》等。

各篇评辑体例为，过录原诗，句右点评、眉批（或注或评，注释包括注音注字，但均简略），诗末先酌选各家之说，然后自己评述。

篇末总评，基本反映方人杰的认识与体会。如《离骚》篇末，先选辑李长吉、苏和仲、严沧浪、孙文融、陆昭仲、张泰先诸家之说，然后评述：诗言志，歌永言。读《离骚》须知其志之所在，渊源世系，于君则亲也，于国则家也。休戚何如关切也。况又委挚图君，更非泛泛者比。不能格君心之非、正君身之瞻听，又不能驱除党比以振兴国祚，即主臣相得，犹未保其尽善，乃放废乎。忠不一闻，佞倖满室，阍者愈阍，危者愈危，此原之志万难万难，莫可如何者也。此而欲吐其情，直是一字不可著乎？此而欲达其意，即至万言亦有难尽。今观运想之深、揽取之博、笔墨之横溢、音节之琳琅，所哀者，哀己之生之遇合之遭逢，所望者，望君之悟之悔之挽回之振作，未尝有一字怨憾也，其实处皆空，空处又实，读之不见其文，但见有一屈子；并不见有屈子，但见只有一我在其间万难万难而莫可如何者也。此入人为何如，岂仅永言言志已乎。

通过阅读，我的注意点，不是寻找方人杰关于《楚辞》的独到见解，而是琢磨方人杰评辑的风格：简洁、要言不烦、不纠缠于历史争端，深入浅出，重在发掘艺术技巧，重在指导阅读理解，重在帮助读者从整体风格上把握屈原理解楚辞，如《哀郢》总评："文如独茧抽思，一意千回百折，写身之所历，皆是写心之所至。伤悼之念，皆从君身蛊惑处曲曲传出，绝不见怨天尤人之意。文境清幽淡折，无声无臭之中，令人一见心伤。不待辞毕，固知感人处不在声华色相也。”

有的评述，写得实在精彩，令人击节。如《怀沙》总评：“节短、势险、气壮、情高，绝非詹詹细响，非得读书养气之功，不易语此。”《惜往日》总评：“文气纵佚窅渺，有不可一世之概。实叙中有虚致，直言中有婉致，回环往复，一气凝结，挥刀不断，千载如生，只一靡字写得镂心刻骨，而惜字精神，便已透露百倍。”《橘颂》总评：“楚辞咏物之作，不多概见，《橘颂》一篇，已为后世作者之祖。今读其辞，有比喻，有寄托，有发挥，有感慨，短音陗节之中，腴而不枯，宕而不实，后人穷工极巧，妙处亦不能出其范围。”

终于，我在叹赏之中，完成了《楚辞读本》的阅读、琢磨、摘录、领悟；终于一个念头涌上心来——方人杰的身份应是一个尽心尽职、恪尽职守的教书先生，一个想求闻达而不能或者根本就是一个不求闻达富贵于诸侯的安于现状的陶醉于自己教书事业的教书先生。

我产生了强烈的敬佩之情，这是一种自我陶醉的境界，这是一种乐于奉献的精神。《楚辞读本》作为一种信息、一种历史文化符号，透露出其“教材”的本来面目。

我一下子拉近了与方人杰的距离，我们的身份是相同的，我们是同行。而且我也向往这样的境界，常常陶醉于这种好为人师的氛围里，只是觉得还很不够，还达不到方人杰那样的境界。

——阅读原典，本来是有些枯燥单调的，却获得了多份的收获，多样的感悟，升华净化了心灵，感到了无比的快意与兴奋。

2009年2月2日

附：

作者简介（以年齿为序）

徐乃为 1949年9月生，江苏启东人，教授，硕导，国务院特殊津贴专家，主攻红学旁及语言学，出版专著《红楼梦探真》、《红楼三论》、《大旨谈情》等。

王志清 1953年7月生，江苏南通市人，教授，硕导，主攻唐宋文学及文论，出版专著《纵横论王维》、《盛唐生态诗学》、《中国诗学的德本精神研究》等。

周建忠 1955年10月生，江苏靖江人，博士，教授，博导，中国屈原学会副会长、江苏省普通高校跨世纪学术带头人等，出版专著《当代楚辞研究论纲》、《楚辞考论》、《五百种楚辞著作提要》、《楚辞讲演录》等。

张祝平 1955年12月生，上海崇明人，博士，教授，硕导，从事《诗经》和小说研究，出版专著《朱熹诗经学论稿》、《葩稗指月集》、《夷坚志论稿》等。

王树林 1956年12月生，河南商丘人，教授、硕导、主攻元明清文学。出版专著《侯方域文集校笺》、《侯方域诗集校笺》、《金元诗文与文献研究》等。

吉定 女，1959 年 9 月生，江苏海安人，博士，教授，硕导，从事魏晋南北朝文学研究，出版专著《庾信研究》等。

丁富生 1963 年 8 月生，江苏海安人，硕士，教授，硕导，《〈国语〉译注》（合作）；学术论文《苏曼殊：〈惨世界〉的译作者》、《〈潮音跋〉的作者就是苏曼殊》。

王育红 1966 年 8 月生，陕西渭南人，博士，副教授，主攻中国古典文献学，论文《中国宫词观念的嬗变》、《近 50 年来中国古籍出版的成就、缺失及其对策》等。

许富宏 1972 年 10 月生，安徽全椒人，博士，副教授，从事先秦两汉文学研究，出版专著《鬼谷子集校集注》、《〈鬼谷子〉研究》。

顾友则 1976 年 3 月生，江苏兴化人，博士，讲师，唐宋文学研究方向，论文有《“进奏院赛神会”与会人员考》、《论文学史上“苏梅”并称》等。

赵薇 女，1978 年 3 月生，江苏南通市人，硕士，讲师，魏晋南北朝文学研究方向，主要论文《西晋玄言诗研究》、《西晋玄言诗发展滞缓原因分析》

后　记

己丑正月，乍暖又寒，阴雨连绵，心里却春光烂漫，陶陶然于《儒林心史》之成编，诚“阳春召我以烟景，大块假我以文章”。

周勋初先生曾序人书云：“散文之中向以说理性的文字为重，写作这类文字，古人认为必须重视个人的道德修养，才能在文字中申述微言大义，所谓‘气盛言宜’云云，即寓此意。”勋初先生精准地概括了中国古代散文的特点。此是优点，也是缺点。古代散文的缺点在于过分强调了经世致用、扶正祛邪的作用，明确要求“文以载道”，发挥其“美刺比兴”、“补察时阙”的作用，故而抑制了文学散文的发展。而读古代典籍多了的学人们，如果写作散文，一般而言都会偏向“传统”，将散文负荷上过多的社会责任，突出文本的政治作用和社会意义，注重作品对个人道德品质修养的影响，自觉不自觉地选择了社会人生的题材，自觉不自觉地忽略了艺术技巧。如果说我们所编辑的《文心雕虫》（齐鲁书社 2007 年版）有什么教训需要记取，那么就是：文学性还不太强。

此编《儒林心史》，注重了散文的文学特性，也强化了散文创作的艺术形式和技巧，尽可能远离说教，以清新自然为优，以真切质朴为上，追求“善美兼济”的文学的审美的境界。

书中的散文作者，长者年近花甲，少者尚未而立，半数教授，半数博士，其人生经历、生活储存、知识学养、情性意趣，学术背景等等各不相同，自然形成了不同的价值取向，进而形成了不同的价值评判和审美创造。因此，这些散文文本，各具风采，也各具魅力。每个作者都有自己的独特的审美追求，都有自己的用语习惯，都是其特定情态心态下的灵性创造。以表现内容看，或偏重情意类，或偏重知识类，或偏重理趣类；以表述特点看，或传统，或新潮，或什么都不是；而在语体风格上，或本色天然，或自由真率，或新奇曲宛。即使是同一作者，其不同散文文本也呈现出各不相同的个性形态。

南通大学古代文学专业，是文化、教育大省——江苏省的重点学科，江苏省教学优秀团队，这些饱读古籍的学者们，这些处于改革开放前沿的执教鞭的文人们，也富于才情，勇于创作，而且，感觉并不迟钝，一有感触，便形诸笔墨。笔者在编辑的时候，特别重视情性，突出情氛。这种文本，是散文作者真我的真实袒露，其中必然包含着作者的道德、价值体认，以及其对生活的独特理解和深刻感悟，非常易于让读者作心与心的交流，而生成一种美情美意的情感体验。本学科带头人周建忠教授十分珍视这种情感记录的散文文本，责成笔者文心再雕。《文心雕虫》反响颇佳，以此种形式出版散文集的，于全国范围也许属于首创。笔者不胜荣幸又受命全权负责收集、编辑、出版联系的工作，而再有效命之努力，于是有此《儒林心史》奉出。

本着文责自负的原则，所收入文章一般未作修改，题目倒是改了好几个。多稿多收入，老少无欺。全书分为七编，大体归类；每编多少不等，大致相当。收入的文章多短小精悍，也有的文本属于系列构成，或二三章，多则十二章，从外形到内质，都有其特定内涵，形成一个完整的艺术整体。

对于散文，表达的内容，永远比方式更重要。这里面没有为一花陨落而泪洒千行的文字，也没有高谈阔论或高步阔视的篇章，这些散文文本展示的是创作主体的率真天性，直面生活，直对人生，深情倾注，自然展露当下真实的情感世界，是学人心灵的真实历史，故取名为《儒林心史》。此编中不少文字自然天成，张扬着人格的力量，往往千字篇幅，却容量极大，读后回肠荡气，或者让人咀味再三。尤其是文本所提供的文化内涵，可以真切地作用于读者的感性知觉和理性思维，给鉴赏者带来审美的愉悦。较之其它文学样式，散文尤其需要真诚。由于真诚，散文写作甚至可以放弃任何附设的形式，而倚仗天然的质朴。如果说，《儒林心史》在风格上有什么总的特点，那就是：质朴。

诚然，这些散文作者虽说有过广泛的阅读经历，也具有较深的文学、美学修养，了解一般的文艺创作规律、文艺鉴赏规律，但毕竟在散文创作上不多操练，他们中有的甚至还不能够熟练地进行文学性表述，所收入的作品的水平自然也有参差。然而，这些散文文本中对生活意义的感悟，对人生价值的诠释，对生活苦难的反刍，对文化现象的解读，对新生事物的发现，则定然能够给读者带来独特的精神享受而激发其兴奋点，赢得他们人文精神的契合。达到“其入人心也深，其化人也速”的文学审美功能。

作者“修辞以立诚”。读者“披文以入情”。期待读者们走进文本，走近作者，而通过文本以复活我们的情性心志，继而评头品足，以致使再雕、再再雕的编辑出版愈加精彩。

《文心雕虫》由著名散文理论家兼散文作家林非先生作序。此再雕《儒林心史》则谨请国学大师傅璇琮先生为序。于此编者谨颂谢忱！

惊蛰未到，已有雷鸣，我的案头早已春色纷披，愿这份绿意分享所有的热爱生活也热爱文学的朋友们。

编者 2009 年 2 月 24 日

又记：

《儒林心史》付梓在即，却生出了一种莫名的牵挂，就像是面对一个即将远行的孩子，真想千叮咛万嘱咐的。其实，最要说的话，还是“谢谢”。

在书稿编审而三校、四校的日子里，不少人与我一同操心，一同忙碌。我的老朋友赵发国博士，责任编辑，特事特办，有求必应；又承蒙我的研究生杨吉、史薇各读了一遍三校稿，严查出不少文字上的缺漏；公冶繁省先生拿出多种封面设计的方案，虚心征求意见，不厌其烦地再三修改；光朗堂主尤灿兄，不仅对封面装帧贡献计谋，还贡献了其爷爷尤无曲先生的画作，以大师之小品而点缀封面，何其幸也。编者于此一并深表感谢。

特别需要再谢的是国学大师傅璇琮先生。先生年近耄耋，且手脚微有残疾，行动不便，而接到书稿后的第二天即出差上海，旋即宁波，复归北京。先生将书稿带在身边，沿途有暇时便随即翻阅研读，写成三千字之序文。傅先生右手不便书写，而手书竟达十页，且字迹清晰，秀朗而不失遒健，诚可作硬笔书法之杰作收藏也，然而，其艰难程度也可想而知。先生之隆情厚谊，炙我深刻矣。

最要感谢的还是我所在的那个集体，感谢领导和同志们对我编辑工作的信任和支持。

最后不能不一提的是我的贤内，她见我如此投入而大惑不解，几次动问："你图过啥?"可是，她依然好我所好，让我几无一点"后顾之忧"，心无旁骛而专注文字。于此，我也只能顺便以一个"谢"字了得。

后记又记如此，而已而已。

编者 2009 年 5 月 8 日于三养斋